给孩子的六顶学习帽

达夫 著

天津出版传媒集团
天津科学技术出版社

图书在版编目（CIP）数据

给孩子的六顶学习帽 / 达夫著 . -- 天津：天津科学技术出版社，2022.7（2023.12 重印）
　ISBN 978-7-5742-0113-2

　Ⅰ．①给… Ⅱ．①达… Ⅲ．①中小学生—学习方法 Ⅳ．① G632.46

　中国版本图书馆 CIP 数据核字（2022）第 101554 号

给孩子的六顶学习帽
GEI HAIZI DE LIUDING XUEXI MAO

策划编辑：杨　譞
责任编辑：杨　譞
责任印制：兰　毅
出　　版：天津出版传媒集团
　　　　　天津科学技术出版社
地　　址：天津市西康路 35 号
邮　　编：300051
电　　话：（022）23332490
网　　址：www.tjkjcbs.com.cn
发　　行：新华书店经销
印　　刷：三河市华成印务有限公司

开本 880×1 230　1/32　印张 6　字数 150 000
2023 年 12 月第 1 版第 2 次印刷
定价：38.00 元

前言
PREFACE

  孩子的学习成绩常常是亲子关系的焦点，而优异的成绩并不是仅仅靠"努力"就能获得的，更需要掌握科学有效的学习方法。

  不少孩子在学习方法上听其自然，看不到科学学习方法的作用和意义，没有尝到正确方法所带来的甜头，以为磨刀误了砍柴工，因而不愿意花时间和精力去认真研究和掌握先进的学习方法。或者有的孩子尝试了各种学习方法，但都艰难、枯燥、乏味，而且毫无效果，孩子的学习非但没有进步，反而比以前更差了。总之，绝大多数孩子没有接受过专门的、系统的学习方法的指导与训练，对什么是科学的学习方法缺乏明确的认识，在学习中也不能自觉地加以运用。即使有的孩子掌握了一些有效的学习方法，也大都是走了很多弯路之后形成的，并且是零散的。科学的、系统的学习方法很难在学习中自然而然地形成，应该接受专门的指导与训练。

因此，家长们更应该让孩子多阅读有关学习方法的书，帮助孩子积极主动地建立自己的学习方法体系。本书送给孩子的"六顶学习帽"，也正是给孩子的六大学习方法，包括思维导图学习法、图解学习法、新CES学习法、问题学习法、趣味学习法、实践学习法，其主旨就是教会孩子如何挖掘自己的潜能，像优秀的孩子一样学习，从而取得优异的学习成绩。

其实每个孩子与成绩优秀孩子的差别只在于没有找到适合自己的学习方法。只要掌握了方法，树立正确的学习态度，养成良好的学习习惯，每个孩子都可以取得优异的学习成绩。本书将全面揭示优秀孩子的学习秘诀，包括学习的一些重要方法和策略、学习过程中各个环节的要领，以及如何把学习融入娱乐和生活实践之中，树立大学习的观念，帮助孩子变苦学为乐学，充分开发大脑潜能，实现成为优等生的愿望。此外，本书对父母的教育方式也提出了宝贵的建议。

目录

CONTENTS

第一顶学习帽：
思维导图学习法——开启大脑潜能

让你受益一生的思维习惯 2
为什么思维导图这么好用 5
思维导图开发大脑潜力 8
思维导图工具箱 13
尝试思维导图日记 16
思维导图激活思维灵活性 19
如何绘制思维导图 23
绘制你的专属思维导图 27

第二顶学习帽：
图解学习法——画出清晰思路

什么是图解学习法 32
使用图解学习法的目的 36
图解学习法的作用 39

1

矩阵图解 43
图表图解 47
利用想象和联想 50
绘制图解的基本图形 55
利用图形表达相互关系 56
连接基本图形 61
掌握绘制图解的技巧 66

第三顶学习帽：
新 CES 学习法——学习赢在效率

提高上课记笔记的效率 72
像科学家一样做笔记 77
有效听课应注意的 8 个细节 80
语文积累词语的 4 种方法 82
4 个妙招背课文一步到位 84
作文立意把握 6 大特性 85
做好作业有 6 项注意 87
11 种方法正确进行课后复习 89
7 招强化抗挫折能力，实现高分 93
7 招把注意力集中到位 96

第四顶学习帽：
问题学习法——用输出倒逼输入

学习就要"刨根"加"问底"..................100
多问几个为什么，就多几分把握..................104
思考孕育力量..................105
推翻权威，走出思维定式..................106

第五顶学习帽：
趣味学习法——在快乐中学习

让学习变成一件快乐的事情..................112
把学校当成游乐场..................116
玩＝学习..................119
一切皆有趣味..................121
记忆，可以很轻松..................126
亮点，常常深藏海底..................142
为乐趣，我愿意..................147

第六顶学习帽：
实践学习法——应用是最好的学习

实践之中出真知：善读无字之书..................152
纸上得来终觉浅，绝知此事要躬行..................156
做到学以致用，学习才有意义..................157

发现和辨析事物间的联系 161
把学习融入生活 163
在生活中学语文 168
英语学习成为生活习惯 171
在生活中学习其他学科 177
珍惜你身旁的"学习资源" 180

第一顶学习帽:
思维导图学习法——开启大脑潜能

让你受益一生的思维习惯

思维导图由世界著名的英国学者东尼·博赞发明。思维导图又叫心智图,是把我们大脑中的想法用彩色的笔画在纸上。它把传统的语言智能、数字智能和创造智能结合起来,是表达发散性思维的有效图形思维工具。

思维导图自一面世,即引起了巨大的轰动。

作为21世纪全球革命性思维工具、学习工具、管理工具,思维导图已经应用于生活和工作的各个方面,包括学习、写作、沟通、

家庭、教育、演讲、管理、会议等。运用思维导图带来的学习能力和清晰的思维方式已经成功改变了 2.5 亿人的思维习惯。

英国人东尼·博赞作为"瑞士军刀"般思维工具的创始人，因为发明"思维导图"这一简单便捷的思维工具，被誉为"智力魔法师"和"世界大脑先生"，闻名世界。作为大脑和学习方面的世界超级作家，东尼·博赞出版了 80 多部专著或合著，系列图书销售量已达到 1000 万册。

思维导图是一种革命性的学习工具，它的核心思想就是把形象思维与抽象思维很好地结合起来，让你的左右脑同时运作，将你的思维痕迹在纸上用图画和线条形成发散性的结构，极大地提高你的智力技能和智慧水准。

在这里，我们不仅是介绍一个概念，更要阐述一种最有效、最神奇的学习方法。不仅如此，我们还要推广它的使用范围，让它的神奇效果惠及每一个人。

思维导图应用得越广泛，对人类乃至整个宇宙产生的影响就越大。

而你在接触这个新东西的时候会收获一种激动和伟大发现的感觉。

思维导图用起来特别简单。比如，你今天一天的打算，你所要做的每一件事，我们都可以用一张从图中心发散出来的每个分支代表今天需要做的不同事情（见下页图）。

简单地说，思维导图所要做的工作就是更加有效地将信息"放

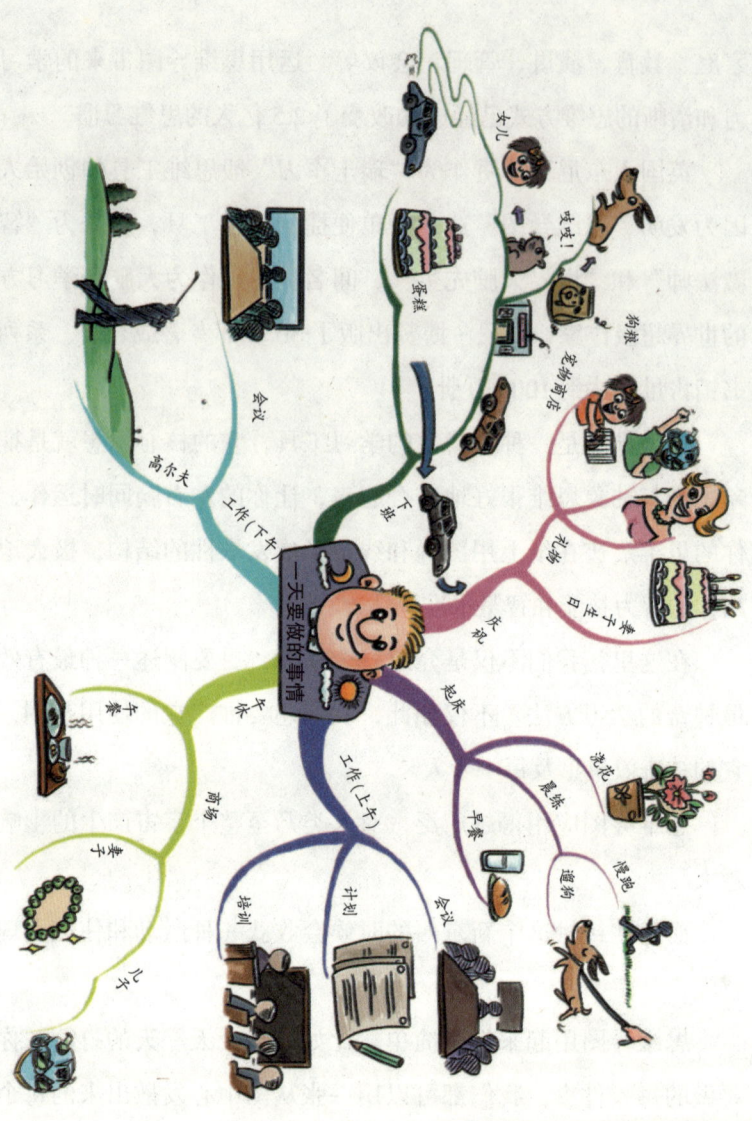

入"你的大脑，或者将信息从你的大脑中"取出来"。

　　思维导图能够按照大脑本身的规律进行工作，启发我们抛弃传统的线性思维模式，改用发散性的联想思维思考问题；帮助我们做出选择、组织自己的思想、组织别人的思想，进行创造性的思维和脑力风暴，改善记忆力和想象力等；通过画图的方式，充分地开发左脑和右脑，帮助我们释放出巨大的大脑潜能。

为什么思维导图这么好用

　　让大脑更好更快地处理各种信息，这正是思维导图的优势所在。使用思维导图，可以把枯燥的信息变成彩色的、容易记忆的、高度组织的图，它与我们大脑处理事物的自然方式相吻合。

　　思维导图可以让大脑处理起信息更简单有效。

　　从思维导图的特点及作用来看，它可以用于工作、学习和生活中的任何一个领域里。

　　比如，作为个人：可以用来进行计划、项目管理、沟通、组织，分析解决问题等；作为一个学习者：可以用于记忆，做笔记、写报告、写论文、做演讲、考试、思考，集中注意力等；作为职业人士：可以用于会议、培训、谈判、面试，掀起头脑风暴等。

　　利用思维导图来应对以上几个方面，都可以极大地提高你的效率，增强思考的有效性和准确性以及提升你的注意力和工作乐趣。

　　比如，我们谈到演讲。

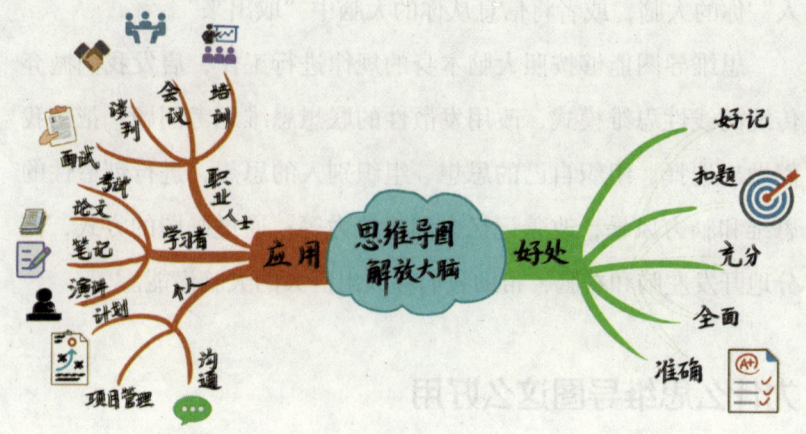

起初,也许你会怀疑,演讲也适合做思维导图吗?

没错!你用不着担心思维导图无法使相关演讲信息顺利过渡。一旦思维导图完成,你所需要的全部信息就都呈现出来了。

其实,我们需要做的只是决定各种信息的最终排列顺序。一幅好的思维导图将有多种可选性。最后确定后,将思维导图的每个区域涂上不同的颜色,并标上正确的顺序号。继而将它转化为写作或口头语言形式,是很简单的事。你只要圈出所需的主要区域,然后按各分支之间连接的逻辑关系,一点一点地进行就可以了。

按这种方式,无论多么烦琐的信息,多么艰难的问题都将被一一解决。

又如,我们在组织活动或讨论会时需用的思维导图。

也许我们这次需要处理各种信息,解决很多方面的问题。当我们没有想到思维导图的时候,往往会让人陷入这样的局面:每个人都在听别人讲话,每个人也都在等别人讲话,目的只是为等说话人讲完话后,有机会发表自己的观点。

在这种活动或讨论会上,或许会发生我们不愿看到的结果,比如,大家叽叽喳喳,没有提出我们期望的好点子,讨论来讨论去没有解决需要解决的问题,最后现场不仅没有一点秩序,而且时间也白白地浪费了。

这时,如果活动组织者运用思维导图的话,所有问题将迎刃而解。活动组织者可以在会议室中心的黑板上,以思维导图的基本形式,写下讨论的中心议题及几个副主题。让与会者事先了解会议的内容,使他们有备而来。

组织者还可以在每个人陈述完他的看法之后,要求他用关键词的形式总结一下,并指出在这个思维导图上,他的观点从何而来,与主题思维导图的关联,等等。

这种使用思维导图方式的好处显而易见:

(1)可以准确地记录每个人的发言;

(2)保证信息的全面;

(3)各种观点都可以得到充分的展现;

(4)大家容易围绕主题和发言展开,不会跑题;

(5)活动结束后,每个人都可记录下思维导图,不会马上忘记。

这正是思维导图在处理大量信息面前的好处,在讨论会上,可以吸引每个人积极地参与目前的讨论，而不是仅仅关心最后的结论。

利用思维导图这种形式可以全面加强事物之间的内在联系，强化人们的记忆，使信息井然有序，为我所用。

在处理复杂信息时，思维导图是你思维相互关系的外在"写照"，它能使你的大脑更清楚地"明确自我"，因而更能全面地提高思维技能，提高解决问题的效率。

思维导图开发大脑潜力

你了解自己的大脑吗？

你认为自己大脑潜力都发挥出来了吗？

你常常认为自己很笨吗？

生活中，总有一些人认为自己很笨，没有别人聪明。但是他们不知道，自己之所以没能取得好成绩，甚至取得成功，是因为他们只使用了大脑潜力的一小部分，个人的能力并没有全部发挥出来。

现在社会发展速度极快，不论在学习或其他方面，如果我们想表现得更出色，那么就必须重视我们的大脑，让大脑发挥出更大的潜力。遗憾的是，很少有人重视这一点。

其实，你的大脑比你想象的要厉害得多。

近年来，对大脑的开发和研究引起了很多科学家的注意，他们做了很多有益的探索，也取得了很多新的科研成果。过去10年中，人类对大脑的认识比过去整个科学史上所认识的还要多得多。

脑半球的分工
我们的逻辑思考和创造性活动分别由不同的脑半球控制。脑的左半球控制我们对数字、语言和技术的理解；脑的右半球控制我们对形状、运动和艺术的理解。

特别是近代科技上所取得的惊人成就，使我们能够借助它们一窥大脑的奥秘。

科学家们一致认为，世界上最复杂的东西莫过于人的大脑。人类在探索外太空极限的同时，忽略了宇宙间最大的一片未被开采过的地方——大脑。我们对大脑的研究还远远不够，还有很多未知的领域，而且可以肯定我们对大脑的研究和开发将会极大地

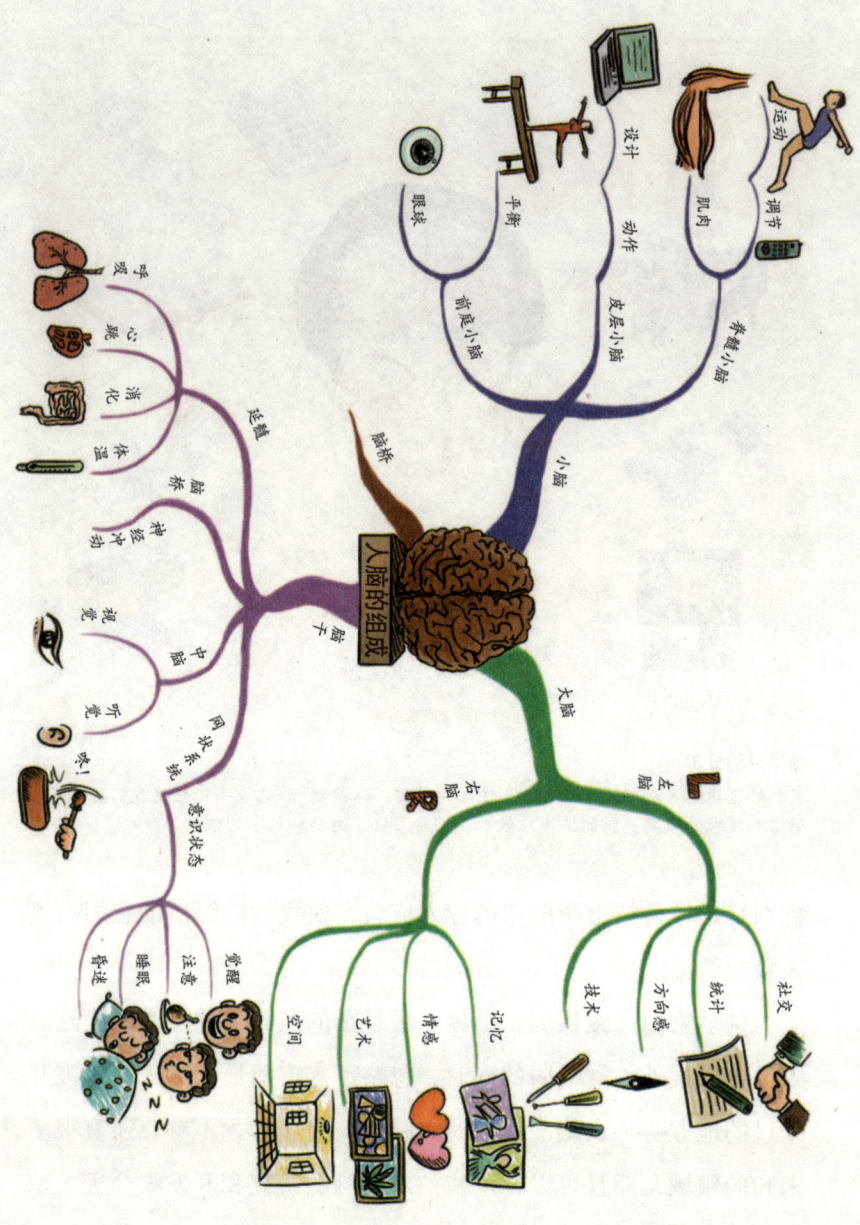

推动人类社会的进步。

那么，就让我们先来初步认识一下我们的头脑——这个自然界最精密、最复杂的器官。人脑由三部分组成：脑干、小脑和大脑。脑干位于头颅的底部，自脊椎延伸而出。大脑这一部分的功能是人类和较低等动物（蜥蜴、鳄鱼）所共有的，所以脑干又被称为爬虫类脑部。脑干被认为是原始的脑，它的主要功能是传递感觉信息，控制某些基本的活动，如呼吸和心跳。

脑干没有任何思维和感觉功能。它能控制其他原始直觉，如人类的地域感。在有人过度接近自己时，我们会感到愤怒、受威胁或不舒服，这些感觉都是脑干发出的。

小脑负责肌肉的整合，并有控制记忆的功能。随着年龄的增长和身体各部分结构的成熟，小脑会逐渐得到训练而提高其生理功能。对于运动，我们并没有达到完全控制的程度，这就是小脑没有得到锻炼的结果。你可以自己测试一下：在不活动其他手指的情况下，试着弯曲小拇指以接触手掌，这种结果是很难达到的，而灵活的大拇指却能十分轻松地完成这个动作。

大脑是人类记忆、情感与思维的中心，由两个半球组成，表面覆盖着2.5~3毫米厚的大脑皮层。如果没有这个大脑皮层，我们只能处于一种植物状态。

大脑可分成左、右两个半球，左半球就是"左脑"，右半球就是"右脑"，尽管左脑和右脑的形状相同，但二者的功能却大相径庭。左脑主要负责语言，也就是用语言来处理信息，把我们通过五种感官（视觉、听觉、触觉、味觉和嗅觉）感受到的信息传入大脑中，再转换成语言表达出来。因此，左脑主要起处理语言、逻辑思维和判断的作用，即它具有学习的本领。右脑主要用来处理节奏、旋律、音乐、图像和幻想。它能将接收到的信息以图像方式进行处理，并且在瞬间即可处理完毕。一般大量的信息处理工作（如心算、速读等）是由右脑完成的。右脑具有创造性活动的本领。例如，我们仅凭熟悉的声音或脚步声，就可判断来人是谁。

有研究证明，我们今天已经获取的有关大脑的全部知识，可能还不到必须掌握的知识的1%。这表明，大脑中蕴藏着无数待开发的资源。

如果把大脑比喻成一座冰山的话，那么一般人所使用的资源还不到1%，这只不过是冰山一角；剩下99%的资源被白白闲置了，而这正是大脑的巨大潜能之所在。

科学也证明，我们的大脑有2000亿个脑细胞，能够容纳1000亿个信息单位，为什么我们还常常听一些人抱怨自己学得不好，记得不牢呢？

我们的思考速度大约是每小时480英里，快过最快的子弹头列车，为什么我们不能思考得更迅速呢？

我们的大脑能够建立100万亿个联结，甚至比最尖端的计算机还厉害，为什么我们不能理解得更完整更透彻呢？

而且，我们的大脑平均每24小时会产生4000种念头，为什么我们每天不能更有创造性地工作和学习呢？

其实，答案很简单。我们只使用了大脑的一部分资源，按照美国最大的研究机构斯坦福研究所的科学家们所说，我们大约只利用了大脑潜能的 10%，其余 90% 的大脑潜能尚未得到开发。

我们不妨大胆假设一下，假如我们能利用脑力的 20%，也就是把大脑潜能提高一倍的话，你的外在表现力将是多么惊人！

或许我们已经知道，我们的大脑远比以前想象的精妙得多，任何人的所谓"正常"的大脑，其能力和潜力远比以前我们所认识到的要强大得多。

现在，我们找到了问题的原因，那就是我们对自己所拥有的内在潜力一无所知，更不用说如何去充分利用了。

思维导图工具箱

思维导图是发散性思维的表达，作为思维发展的新概念，发散性思维是思维导图最核心的表现。

比如下面这个事例。

在某个公司的活动中，公司老总和员工们做了一个游戏：

组织者把参加活动的人分成了若干个小组，每个小组选出一个小组长扮演"领导"的角色，不过，大家的台词只有一句，那就是要充满激情地说一句："太棒了！还有呢？"

其余的人扮演员工，台词是："如果……有多好！"游戏的主题词设定为"马桶"。

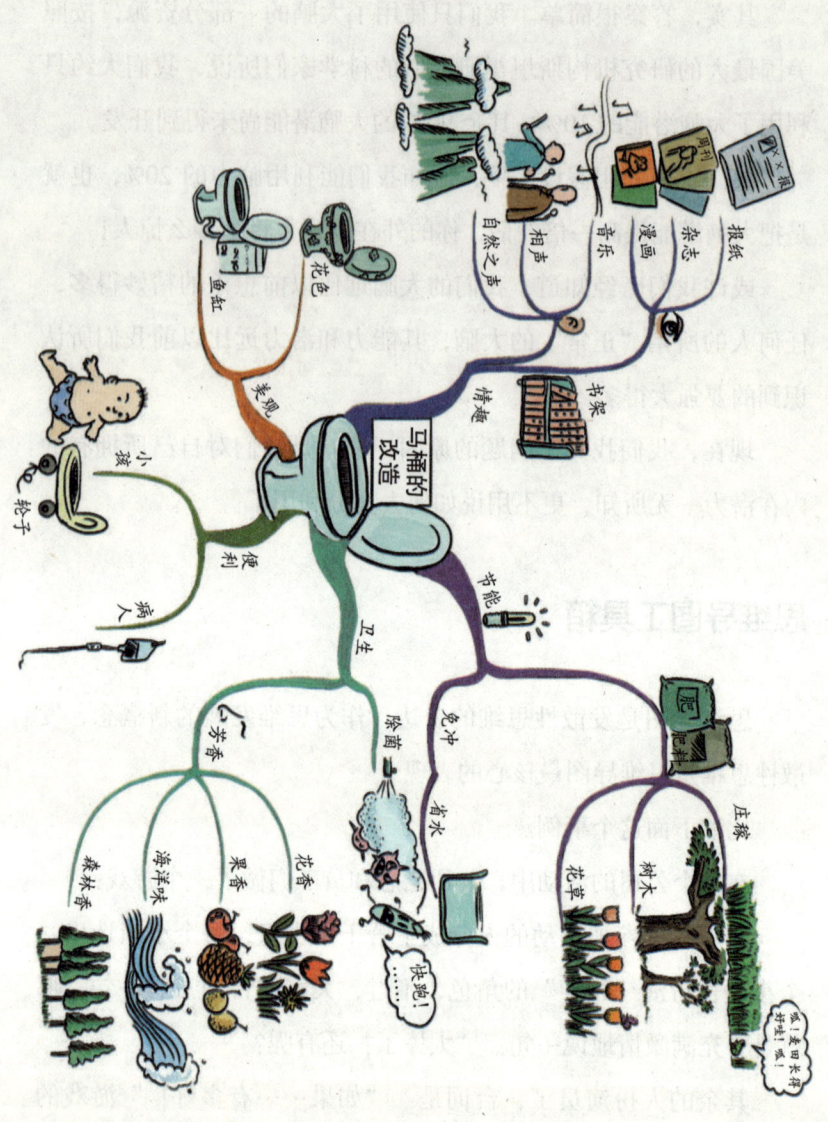

当主持人宣布游戏开始的时候,大家出现了一阵习惯性的沉默,不一会儿,突然有人开口:"如果马桶不用冲水,又没有臭味有多好!"

"领导"一听,激动地一拍大腿:"太棒了!还有呢?"

另外一个员工接着说:"如果坐在马桶上也不影响工作和娱乐有多好!"

又一位"领导"也马上伸出大拇指:"太棒了!还有呢?"

"如果小孩在床上也能上马桶有多好!"

……

讨论进行得热火朝天,各人想法天马行空,出乎大家的意料。

这个公司的管理人员对此进行了讨论,并认为有三种马桶可以尝试生产并投入市场:一种是能够自行处理,并能把废物转化成小体积密封肥料的马桶;一种是带书架或耳机的马桶;还有一种是带多个"终端"的马桶,即小孩和老人都可以在床上方便,废物可以通过"网络"传到"主"马桶里。

这个游戏之所以获得了巨大的成功,便是得益于发散性思维的运用。

针对这个游戏,我们同样可以利用思维导图表示出来。

大脑作为发散性思维联想机器,思维导图就是发散性思维的外部表现,因为思维导图总是从一个中心点开始向四周发散的,其中的每个词汇或者图像本身都成为一个子中心或者联想,整个合起来以一种无穷无尽的分支链的形式从中心向四周发散,或者归于一个共同的中心。

我们应该明白，发散性思维是一种自然和几乎自动的思维方式，人类所有的思维都是以这种方式发挥作用的。一个会发散性思维的大脑应该以一种发散性的形式来表达自我，它会反映自身思维过程的模式，给我们更多更大的帮助。

尝试思维导图日记

如果有一天，让你用一种新奇的方式去写日记，你敢于尝试吗？

在这里，作为一种全新的、革命性的非线性思维工具——思维导图日记应运而生，它可以让我们根据自己的需要和欲望来管理自己的时间，而不是让时间管理我们。

思维导图日记可以用于安排计划自己的事情，也可以是对过去思想和感觉的回顾性记录。

思维导图日记既能利用传统日记的优势，又能弥补传统日记的不足，并使两者得到最完美的结合。

思维导图日记比标准的日记更有效率和效益。

思维导图日记，除了会使用到传统日记中的词汇、数字、表格、顺序和序列等以外，它还能把编码、色彩、图像、符号、幽默、白日梦、联想等全部都包括进去。

思维导图日记可以让你全面真实地反映自己的大脑，它不仅是一个时间管理方法,而且还是一个自我管理和人生管理方法。

思维导图可以从大的方面显示出年度计划、每月计划。那么,每日计划就可以在思维导图日记中体现出来。如果从理想的角度来说,你应该每天制作两幅思维导图日记。

第一幅思维导图日记可以提前安排当天的活动,第二幅可以用于监视活动的进展,同时也可以用来对一天进行回顾性的总结。

你在一天中做了哪些事,都可以用思维导图清晰地表达出来。比如,散步、阅读、会见朋友、去舅舅家做客等,这几个方面同时变成思维导图的几个分支,都是为了帮助你进行思考,梳理一天。

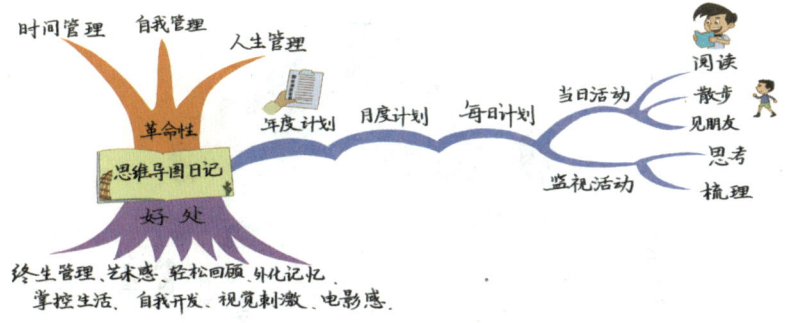

东尼·博赞总结的思维导图日记的好处主要有:

(1)让思维导图在不断发展的时候成为一个全面的终生管理工具,它让你随时可以安排和记录自己的生活;

(2)思维导图本身非常漂亮,当使用者技术提高时会更为吸

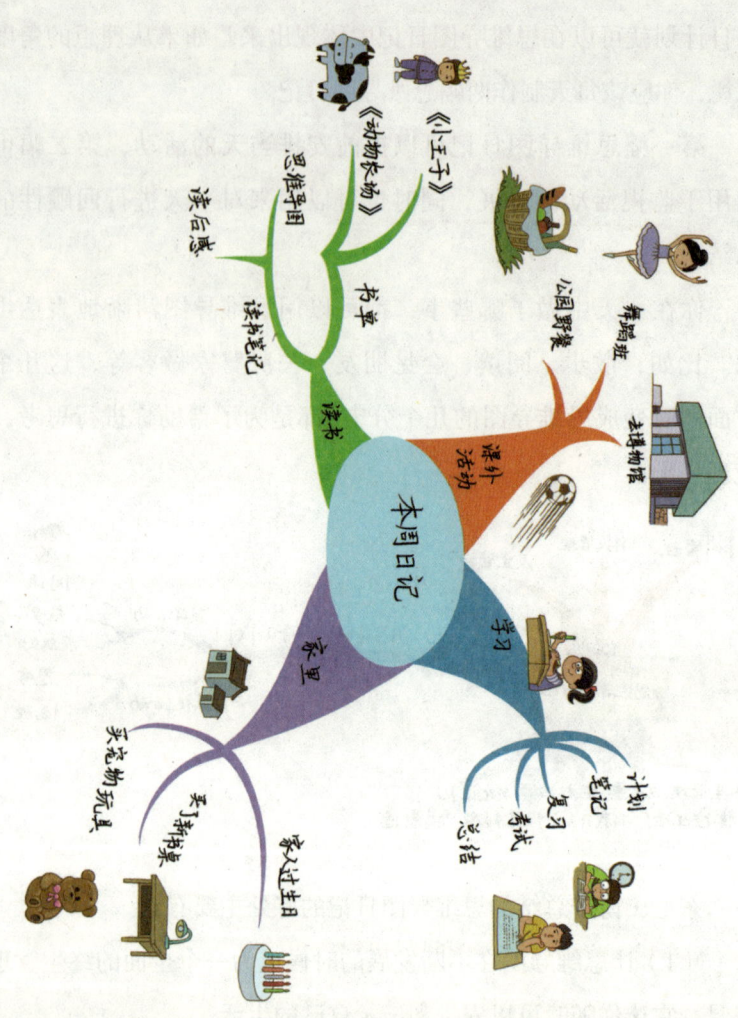

引人——使用者最终会开始创作艺术作品;

（3）每年和每月及每日方案可以使一年的回顾轻松易得，因为它使用的是长期的交叉查询及观察方法;

（4）思维导图日记把每件事情都放在你一生的背景中加以考察;

（5）思维导图日记提供了一个几近完整的、外化的人生记忆核;

（6）它让你控制住生活当中对你最为重要的一些方面;

（7）这个方法，由于其设计特点，可以鼓励你自动地进行自我开发，并让你实现最终的成功;

（8）它使用到图形、彩色代码和其他的思维导图制作原则，让你能够迅速地获取信息;

（9）因为思维导图日记在视觉上更具刺激性，更漂亮，它鼓励你不断地使用它;

（10）用思维导图日记回顾一生时，就像观看自己一生的"电影"一样。

思维导图激活思维灵活性

灵活思维的好处是，当我们遇到难题时，可以多角度思考，善于发散思维和集中思维，一旦发现按某一常规思路不能快速达到目的时，能立即调整思维角度，以期加快思维过程。

激活思维的灵活性,可以从下面3个方面入手:

培养迁移能力

迁移,是指一种学习对另一种学习的影响。

我们更多地要用到的是知识迁移能力,即将所学知识应用到新的情境,解决新问题时所体现出的一种素质和能力。形成知识的广泛迁移能力可以避免对知识的死记硬背,实现知识点之间的贯通理解和转换,有利于认识事件的本质和规律,构建知识结构网络,提高解决问题的灵活性和有效性。

思维的灵活性主要体现在解决问题时的迁移能力上,必须有意识地去培养自己的迁移能力,从而能够灵活地解决学习中的一些问题。

语文学习中,常常能遇到写人物笑的片段,比如《葫芦僧判断葫芦案》中的"笑",《红楼梦》第四十四回中每一个人的"笑",《祝福》中祥林嫂的"三笑",各自联系起来,分析比较,各自表现了人物的什么个性,同时揭示了什么主题;等等。

通过这种训练,可以使分析作品中人物的能力和写作中刻画人物的水平大大提高。

利用"一题多解"

这种方法在数学学习中经常使用,对"一题多解"的训练,是培养思维灵活的一种良好手段,这种训练能打通知识之间的内在联系,提高我们应用所学的基础知识与基本技能解决实际问题的能力,逐步学会举一反三的本领。

学会"一题多解"的思维方式，可以训练思维的灵活性，使自己在思考问题的起点、方向上及数量关系的处理上，不拘泥于一种方式，而是根据需要和可能，随时调整和转换。

大量阅读不同体裁的文章

文章是作者进行创造性思维的成果。一篇文章的创造性，主要体现在它的构思和语言的运用上，体现在文章的思想观点和表达方式上。

不同体裁的文章，也各有各的特点，就是同一体裁中的同一内容的文章，风格也是各异。

在阅读一篇优秀文章时，善于发现它们的不同，善于吸取它们各自的特点，对于训练自己的思维是有益的。

总之，多读各种不同的文章，既可以获得知识，又可以获得思维和写作的借鉴，可以从比较中学习到从不同角度观察事物、思考问题的方法，从而培养思维的灵活性。

培养思维的灵活性，要学会从不同的角度、不同的方向用多种方法来解决问题。要培养思维的灵活性，就要多动脑筋，加强学习，在实践中探索新思路、验证新方法，并及时总结、改进，就一定能增强思维的灵活性，提高思维的应变能力。

针对3种行之有效的激活思维灵活性的方法，用思维导图表示如下：

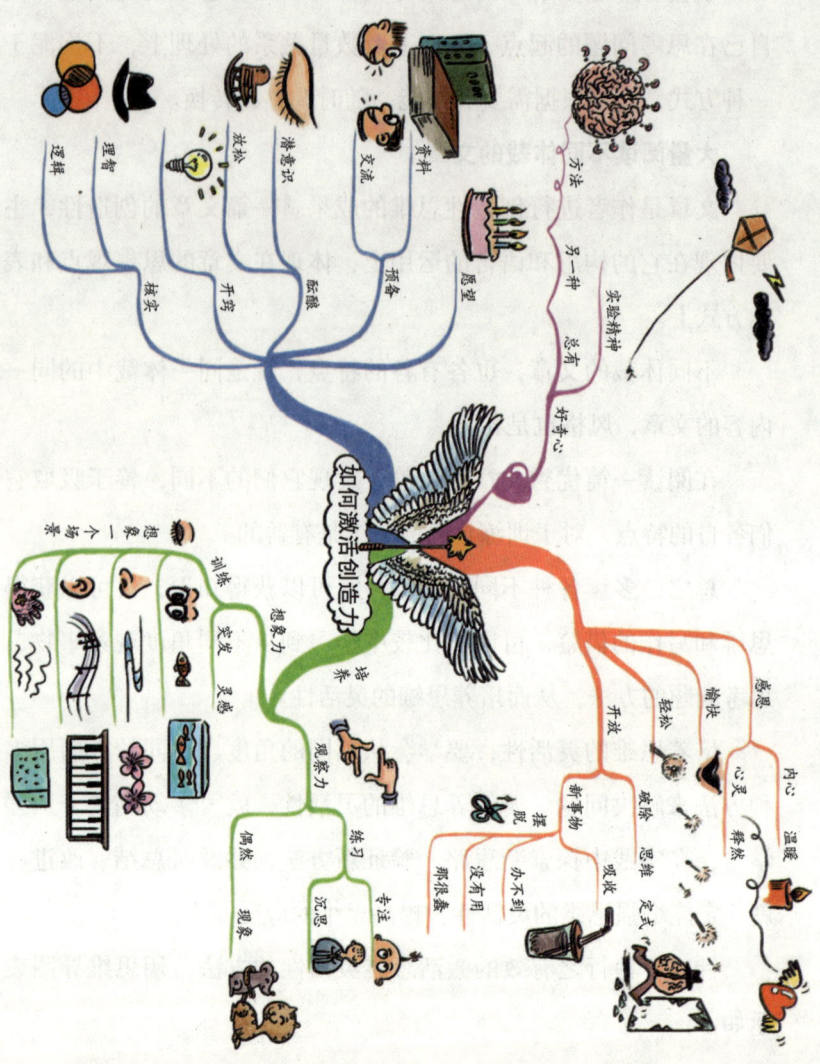

如何绘制思维导图

其实，绘制思维导图非常简单。思维导图就是一幅幅帮助你了解并掌握大脑工作原理的使用说明书。

思维导图就是借助文字将你的想法"画"出来，因为这样才更容易记忆。

绘制过程中，我们要用到颜色。因为思维导图在确定中央图像之后，有从中心发散出来的自然结构：它们都使用线条、符号、词汇和图像，遵循一套简单、基本、自然、易被大脑接受的规则。

颜色可以将一长串枯燥无味的信息变成丰富多彩的、便于记忆的、有高度组织性的图画，接近于大脑平时处理事物的方式。

绘制工具

（1）一张白纸；

（2）彩色水笔和铅笔数支；

（3）你的大脑；

（4）你的想象！

这些就是最基本的工具，当然在绘制过程中，你还可以拥有更适合自己习惯的绘图工具，比如成套的软芯笔、色彩明亮的涂色笔或者钢笔。

绘制步骤

东尼·博赞给我们提供了绘制思维导图的7个步骤，具体如下。

（1）从一张白纸的中心画图，周围留出足够的空白。从中心

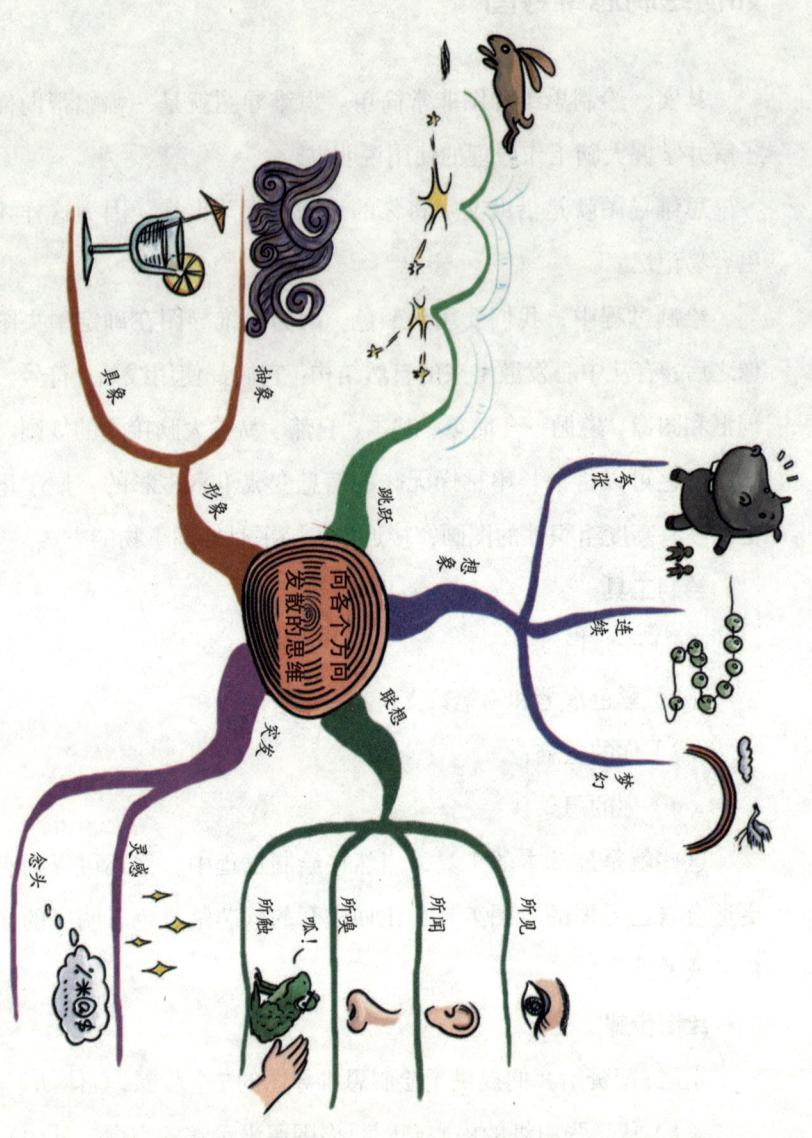

开始画图,可以使你的思维向各个方向自由发散,能更自由、更自然地表达你的思想。

(2)在白纸的中心用一幅图像或图画表达你的中心思想。因为一幅图画可以抵得上1000个词汇或者更多,图像不仅能刺激你的创造性思维,帮助你运用想象力,还能强化记忆。

(3)尽可能多地使用各种颜色。因为颜色和图像一样能让你的大脑兴奋。颜色能够给你的思维导图增添跳跃感和生命力,为你的创造性思维增添巨大的能量。此外,自由地使用颜色绘画本身也非常有趣!

(4)将中心图像和主要分支连接起来,然后把主要分支和二级分支连接起来,再把三级分支和二级分支连接起来,以此类推。

我们的大脑是通过联想来思维的。如果把分支连接起来,你会更容易地理解和记住许多东西。把主要分支连接起来,同时也创建了你思维的基本结构。

其实,这和自然界中大树的形状极为相似。树枝从主干生出,向四面八方发散。假如大树的主干和主要分支,或主要分支和更小的分支以及分支末梢之间有断裂,那么它就会出现问题!

(5)让思维导图的分支自然弯曲,不要画成一条直线。曲线永远是美的,你的大脑会对直线感到厌烦。美丽的曲线和分支,就像大树的枝杈一样更能吸引你的眼球。

(6)在每条线上使用一个关键词。所谓关键词,是表达核心意思的字或词,可以是名词或动词。关键词应该是具体的、有意义的,这样才有助于回忆。

单个的词语使思维导图更具有力量和灵活性。每个关键词就像大树的主要枝杈,繁殖出更多与它自己相关的、互相联系的一系列次级枝杈。

当你使用单个关键词时,每一个词都更加自由,因此也更有助于新想法的产生。而短语和句子却容易扼杀这种火花。

(7)自始至终使用图形。思维导图上的每一个图形,就像中心图形一样,可以胜过千言万语。所以,如果你在思维导图上画出了10个图形,那么就相当于记了数万字的笔记!

绘制技巧

(1)把纸张横放,使宽度变大。在纸的中心,画出能够代表你心目中的主体形象的中心图像。

(2)再用水彩笔任意发挥你的思路。

(3)先从图形中心开始画,标出一些向四周放射出来的粗线条。每一条线都代表你的主体思想,尽量使用不同的颜色区分。

(4)在主要线条的每一个分支上,用大号字清楚地标上关键词。

(5)当你想到这个概念时,这些关键词立刻就会从大脑里跳出来。

(6)运用你的想象力,不断改进你的思维导图。

(7)在每一个关键词旁边,画一个能够代表它、解释它的图形。

(8)用联想来扩展这幅思维导图。对于每一个关键词,每一个人都会想到更多的词。比如你写下"橙子"这个词时，你可以想到颜色、果汁、维生素 C，等等。

（9）根据你联想到的事物，从每一个关键词上发散出更多的连线。连线的数量根据你的想象可以有无数个。

绘制你的专属思维导图

思维导图就是一幅帮助你了解并掌握大脑工作原理的使用说明书，并借助文字将你的想法"画"出来，便于记忆。

现在，让我们来绘制一幅"如何维护保养大脑"的思维导图。

你可以试着按以下步骤进行：

（1）准备一张白纸（最好横放），在白纸的中心画出你的这张思维导图的主题或关键字。

（2）主题可以用关键词和图像（比如在这张纸的中心可以画上你的大脑）来表示。

（3）用一幅图像或图画表达你的中心思想（比如你可以把你的大脑想象成蜘蛛网）。

（4）使用多种颜色（比如用绿色表示营养部分，红色表示激励部分）。

（5）连接中心图像和主要分支，然后再连接主要分支和二级分支，接着再连接二级分支和三级分支，依次类推（比如"营养"是主要分支，"维生素""蛋白质"等是二级分支，"维生素 A""B

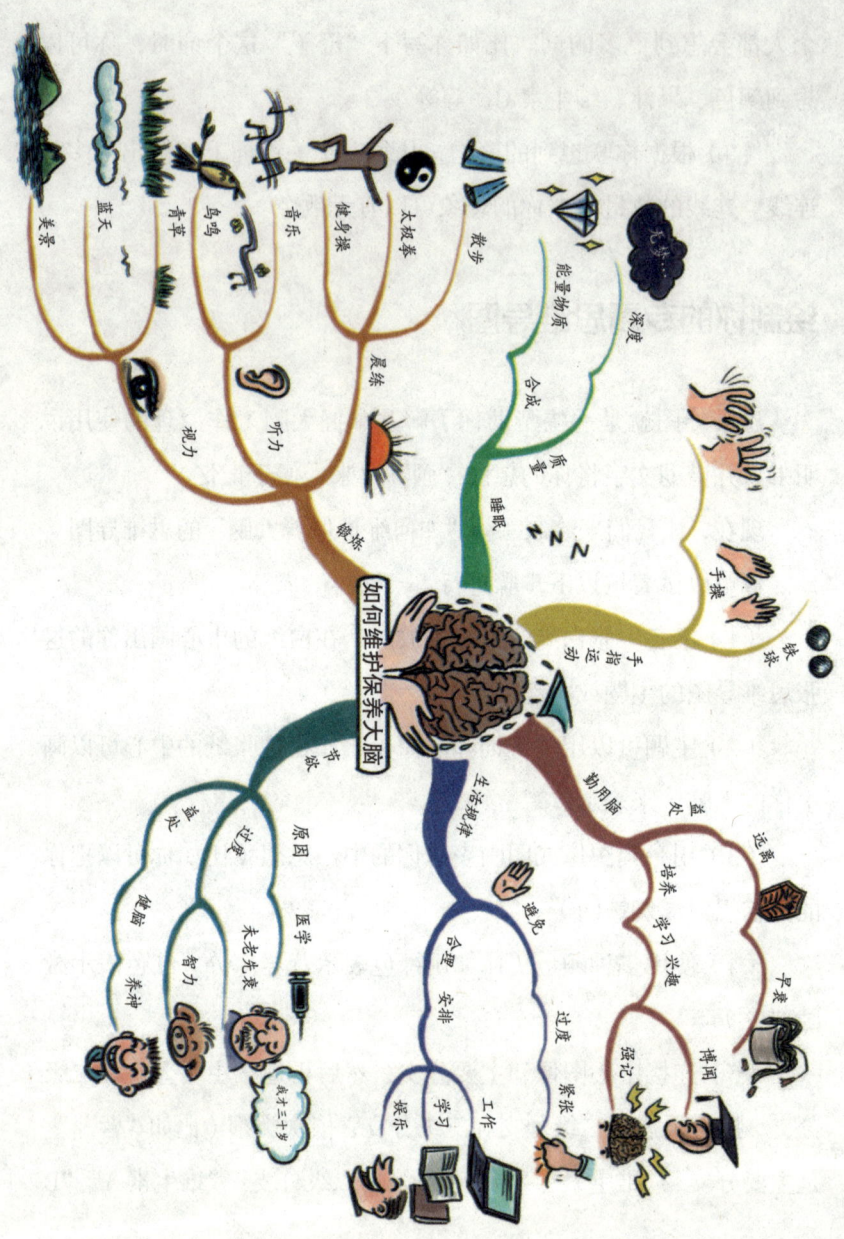

族维生素""卵磷脂"等是三级分支）。

（6）用曲线连接。每条线上注明一个关键词（比如"滋润""创造力"等）。

（7）多使用一些图形。

好了，按照这几个步骤，这张思维导图你画好了吗？

试着画一个思维导图吧

第二顶学习帽:
图解学习法——画出清晰思路

什么是图解学习法

我们平时表达自己的观点除了用语言就是用文字,你有没有想过用图画来表达自己的观点呢?

人类在发明文字之前就是用图画来记事的,甚至汉字本身就是从图画逐渐发展而来的,甲骨文中的"日""月""山""川"就是对事物形象的描绘。从某种意义上来说,图画是人类表达思想的有效工具,有时比语言文字更有助于我们进行思考和交流。

图画是一种投射技术,是对人们内在的潜意识层面的信息的反映。人们用语言文字表达自己的思想和情绪的时候会有防御心理,而用图画来表达的时候,经常会把真实的自己展现出来。图画传达的信息比语言和文字表达的信息更丰富、更具体、更形象,表现力也更强。

图解就是让我们把头脑中的想法用图画的方式表达出来,这个过程是对人脑思考过程的模拟,其本身就是大脑思维的加工,能够把复杂的东西简单化、平面的东西立体化、抽象的东西具体化、无形的东西有形化。因此,无论是在理解内容、记忆信息方面,还是在制订计划、解决问题方面,图解学习法都比文字表达有明显的优势。

我们处于快节奏的生活中，在短时间内把握住信息的关键，并以正确的方式传达给对方，让对方全盘接受你的想法是相当重要的。无论是在社交场合与人沟通的时候，还是在家庭生活中处理人际关系以及个人生活问题的时候，快速准确地传达信息是顺利解决问题的关键。与其他的沟通方式相比，图解能帮助我们很好地达到这个目的，因为图解无法容忍模棱两可的表达。

在如今竞争日益激烈的社会中，图解学习法是帮助我们赢得胜利的有力武器。它首先能为我们节约大量的时间，只要把自己的想法用关键词、线条、方格、图表等画出来就行了。使用图解学习法，再也不会出现在电脑前半天也敲不出几行字的尴尬了。如果在思考内容前就事先开始着手使用图解，同时整理出想要表达的信息，那么大脑中的思绪就会格外清晰。

图解学习法有助于我们整理信息，进行创造性的思考。你可以利用这种方法把大脑中的信息提取出来，并用图画的方式予以表达。运用这种思考法你还可以把很多枯燥的信息分类组织起来，把相关信息的逻辑关系表现出来，遵循简单、基本、自然的原则，使其变成一目了然、容易理解、容易记忆的图解。

图解的应用范围很广泛，一切都可以画成图，小到家庭事务、周末安排，大到人生规划、风险投资都可以用图解的方式为自己理出思路。绘制出图之后，你就能使各种相关信息清晰地展现出来。如果你想完成一项计划，绘制图解可以帮你把整个计划清晰、完整地展现出来。

简单地说，图解学习法就是把想法画出来进行思考的方法，是一种"用眼睛看"的思考工具。它要求我们通过插画、图形、图表、表格、关键词以及简单的句子把信息传达出来，帮助我们分析和理解问题，寻求更多、更好的解决问题的方法。

图解学习法是一种组织性的思维工具，你可以用它有效地整理思路，把大脑中杂乱的信息按照逻辑关系有序地组织起来，并用图形、图表、图画等形式来表现，使解决问题的出路自动呈现出来。

图解学习法还是一种有效的记忆路线图。目前，大多数人都在使用简短的文字、线条、数字、逻辑和次序的方法记笔记——这确实很有用，但是并不完整。这种方法体现的是左脑的功能，没有体现右脑的功能。右脑掌管视觉，处理影像和图形。人脑对图像的记忆能力大约是文字的1000倍。图解学习法就是充分地调动我们右脑的功能——擅长运用图解的人相对来说右脑比较灵活。

图解学习法就是大脑的使用说明书，这种学习法与我们的大脑的工作原理一样，即运用想象和联想。但是，当大脑进行无意识的想象和联想状态的时候，它的工作效率就比较低。也许你有过这样的经历，在写工作总结或者策划方案的时候，冥思苦想很长时间也写不出几行字。因为你的思路很乱，理不清头绪，一时找不到自己需要的信息。

想象一下，你到图书馆去借书，但是图书馆里的藏书杂乱无章，管理员对你说："你要找的书就在这一堆里，自己找吧！"

这是不是很让人头痛？事实上，很多人的大脑就像杂乱无章的图书馆一样，虽然存储了很多信息，但是那些信息处于无序的状态，需要某些信息的时候很难找到。图解学习法能够使我们大脑中的信息变得井然有序，使大脑具有出色的存储系统和信息检索功能。

图解学习法有表格、图表（柱形图或扇形图等）、图形、图画等表达方式。

1. 表格

产品名称	单价	数量	金额

2. 图表

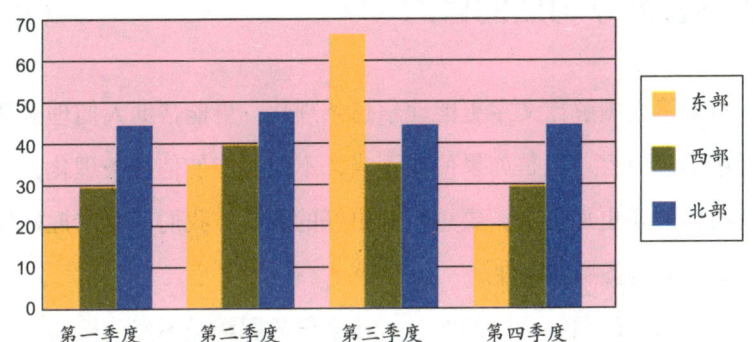

3. 图形

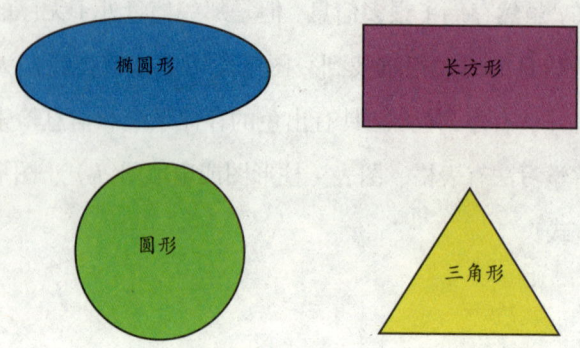

4. 图片

　　相对于文字来说,图片能更快捷地传达信息,图片的灵活多变性更能刺激我们的眼球,丰富我们的求知欲,触动我们的神经。烦琐的文字不如图片简单易懂、印象深刻。一幅含义深刻的图画,配上两三个字的标题,就能让人心领神会。

使用图解学习法的目的

　　虽然说图解比文字更能使信息条理化,更能帮助人们理解和记忆信息内容,但是如果使用不当,不但不能使信息条理化,反而会使问题更加复杂。要想绘制出好的图解,我们就要掌握好的图解应该具备哪些条件。

　　什么样的图解是好的图解,什么样的图解是不好的图解呢?其实判断标准很简单,能够实现图解的目的的就是好的图解,否则就不是。

图解的目的有 5 个方面：

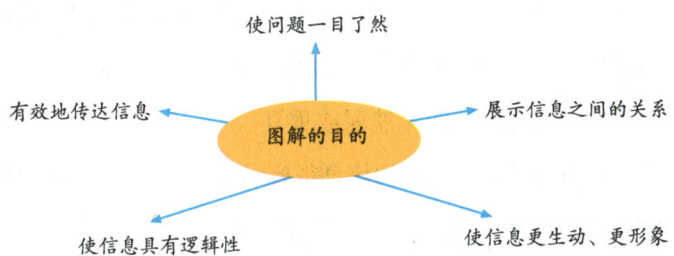

使问题一目了然

图解应该使问题一目了然，从宏观上展现出思考对象的全景图，比文章更加容易理解。与文章相比，图解的优势还体现在它可以帮你在短时间内掌握信息的重点。图解可以展现文章的大纲，让你提纲挈领地把握整篇文章所要传达的内容。

最简单的例子就是地图。你有没有这样的经历，别人向你问路，你费尽口舌向他讲应该怎么走，他还是不清楚。最后，你无可奈何地说："我给你画个图吧！"如果用语言或文字来描述一些地点的具体位置，费很大的力气也很难描述清楚，如果用画图的方式来表达就非常直观了。在地图上标示出他现在所处的位置、目的地的位置以及行走路线，就能把这些重要信息清晰地呈现在问路者的面前。

因此，好的图解应该能够让读者掌握全局，并抓住其中的重点信息。

有效地传达信息

图解应该有效地传达信息,防止信息遗漏或重复。图解的时候应对信息进行合理的分类整理,让你一眼就能看出是否有遗漏或重复的现象。尤其是表格模式的图解,相关的信息内容可以填入对应的表格中,有效地防止遗漏或重复。

那些有明确的类别和步骤的信息很容易分类,对于那些没有明确的类别的信息可以分为 3 类:首先把 A 作为一类,然后把与 A 相反或相对的 B 作为一类,最后把其他的 C 作为一类。为了突出三者的区别,你可以用不同的颜色或不同的形状分别来表示 3 类信息。

展示信息之间的关系

图解还应该直观地展示信息之间的相互关系,比如因果关系、包含关系、大小关系等。图解是画在平面上的图,可以通过要素的位置和大小表达它们之间的相互关系。比如,你想对比两家公司的规模,与其在文章中用数据进行说明,还不如用图解画出大小不同的两个圆来代表两家公司——哪家公司的规模大非常明了。

甲公司与乙公司的规模对比

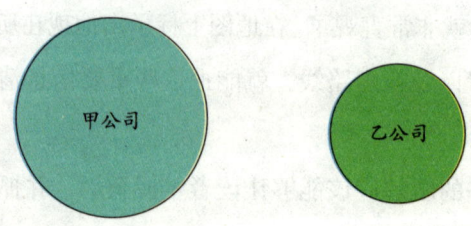

使信息具有逻辑性

图解的第四个目的是用箭头表达逻辑关系和顺序,避免前后矛盾。图解比文章更容易表达信息之间的逻辑关系,更容易发现信息之间矛盾的地方。图解比文章更容易体现信息之间的顺序关系,在箭头的辅助下,信息之间的先后顺序一目了然。

因此,好的图解应该能够体现出信息之间的逻辑关系或顺序关系。

使信息更生动、更形象

运用颜色和插画可以使图解的内容更丰富、更形象、可视性更强。单调、乏味是文字的一大劣势,一行接一行的文字会造成视觉疲劳,不能吸引我们继续阅读。图解的好处就是能够灵活运用图形、色彩、插画以及各种效果将信息生动地传达出来,吸引读者的注意力。

能够实现这些目的的图解才是好的图解,否则就是不好的图解。

图解学习法的作用

我们曾把大脑比作一个图书馆,为了更快地找到想要的书,我们需要把图书分门别类地存放。图解学习法就是帮我们把这件事做好的方法。它能帮助我们学习、组织和储存我们想要的所有的信息,并按照一定的原则对信息进行分类。当我们需要的时候，这些信息就会按照我们的要求输出，因为当我们使用图解时，每一条新信息都会自动地与图书馆中的已有信息连接起来。

我们不妨把图解的作用和意义也图解一下：

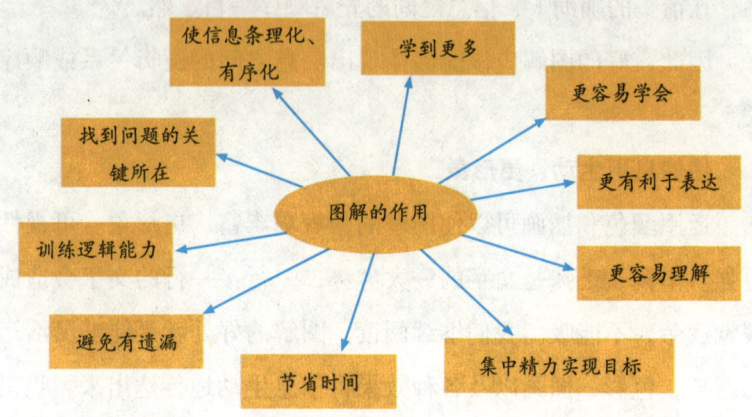

这是一幅十分简单、十分"粗糙"的图解，我们完全可以把它画得更好，比如说应用图画、颜色，分出层次等，但是，就是这么一幅简单的图解，也足以把我们前面的文章内容清晰地表达出来了。

图解学习法可以帮你把信息进行系统的分类，使思路条理清晰，中心明确。它还可以强化大脑的想象和联想功能，就像在大脑细胞之间建立无限丰富的连接，让你更有效地把信息放进大脑，或是把信息从大脑中"取"出来。

图解还能训练我们的逻辑能力。因为当逻辑出现矛盾（比如，大小关系、互动关系、顺序等不具体且不清楚）时，是无法用图解表达出来的。图解更能训练我们解决问题的能力。图解能够清楚地表示出各个要素之间的关系，也方便我们掌握整体内容，并且可以清楚地看出其中的矛盾与含糊之处，由此我们可以更容易地找到问题的关键所在，制订出有效的解决方案。

借用文字和语言沟通的时候，常常会出现前后矛盾和信息欠缺之处。尤其是一些长篇大论，表达的一方可能会顾此失彼，遗漏信息。阅读的一方也很难在短时间内把握长篇大论的中心思想，看不清楚脉络关系。如果把所说的内容图解化，矛盾和缺失之处就会显露出来，传达的信息也一目了然，让人更容易理解。

图解为我们提供了一幅全景图，让我们把握住全局和关键，调动一切资源为实现目标而努力，这样，我们就可以避免走弯路，避免浪费人力、物力、时间、金钱，一眼可看透讲解的本质。

众所周知，阅读文章必须逐字逐句依照前后顺序阅读，还要注意前后文的关系，需要花费一定的时间来理解，否则断章取义可能会误解文章的主题。文字的这种前后连续的关系，要求我们进行"循序联想"——这种思考方法费时费力。用图解学习法绘制全景图之后，无论你把着眼点放在哪里，都能很好地理解图中的意思，因为各个关键词之间的关系很明显。这是一种"随机存取"的联想，你可以在短时间内找到你需要的信息。

你有没有这样的经历，在学习过程中很难记住一些内容，尤其是历史事件、政治理论等机械、烦琐的东西，就算死记硬背记住了，也会很快忘掉。图解学习法可以帮助我们更好地记忆，更有效、更快速地学习。当你把一段文字用图解的方法表示出来之后，你就能很容易地理解、记忆，而且也不容易忘记，因为图解展示内容的方式与大脑的工作方式一致。

图解学习法可以使我们集中注意力，避免模棱两可的表达，对思路进行梳理并使它逐渐清晰，让你看到问题的全景。我们用文字表述一件事的时候很容易偷懒，只要在句尾加上"等等"就可以把一些信息带过。比如"公司里有销售、采购、人事等部门"。运用图解法，就必须完整、清晰地把信息表达出来（见下图）。

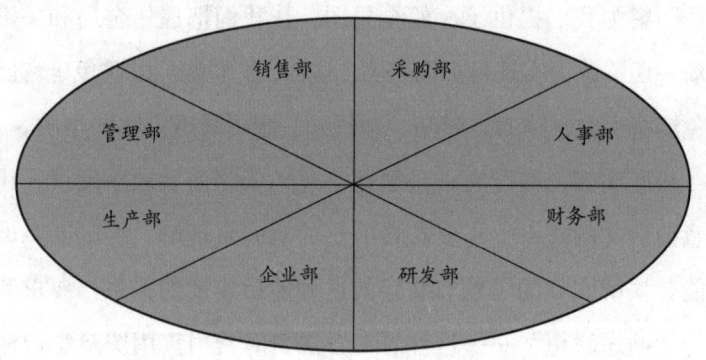

运用图解学习法解决问题可以使想法和创意更加直观地展现在纸上。当我们用语言和文字来表述思考结果时，大脑处于无序的状态，很可能会遗漏一些解决问题的办法。如果把我们的思想绘制成图，那么结果就不一样了。因为条理清晰、脉络分明，所以能够更全面地搜寻各种潜在的可能性，帮助我们在短时间内找到更多的解决问题的方法。

当我们用大量的文字进行表述的时候，会让人感到呆板、乏味，甚至会产生厌烦心理。图解学习法活泼、醒目，文字、数字、符号、颜色、节奏、音符等多种形式都可以灵活运用。图解可以把信息发展成为彼此联系的网络化的大脑数据库，充分调动左右脑的功能，运用图像语言进行创造性思维，可以让我们的大脑最大限度地发挥想象和联想，发挥事半功倍的作用。

矩阵图解

矩阵图解是一种重要的图解模式，它借用平面空间来表现信息之间的关系，使事物的存在状态和发展趋势清晰地展现出来。相对于文字的线性思考来说，图解本身就是一种矩阵思考，把信息在平面上展现出来可以使头脑更加清晰。

参数型矩阵

数学上有用变量和坐标轴描绘的图表，参数型矩阵就是借助变量与数轴的一种图解模式。横轴和纵轴分别代表一定的参数，并把平面分为4个空间，在4个空间中填充相关要素来展现某种状态或发展趋势。

下图就是参数型矩阵的一个案例。4个箭头分别代表了文字、图画、商业、娱乐四种特性，箭头两端具有一定的相对性。在图解的右边，强调图画多文字少，比如漫画和商业杂志；在图解的上方，强调商业因素多，娱乐因素少，比如商业书籍和商业杂志。数据显示目前单行本的商业书籍不受欢迎，销量呈下降趋势，相对应的文字较少、图画较多的商业杂志卖得很好。由此可知，应该把商业书籍杂志化，在书中增加一些有吸引力的图片。图解中由商业书籍引向商业杂志的箭头就是这个含义。

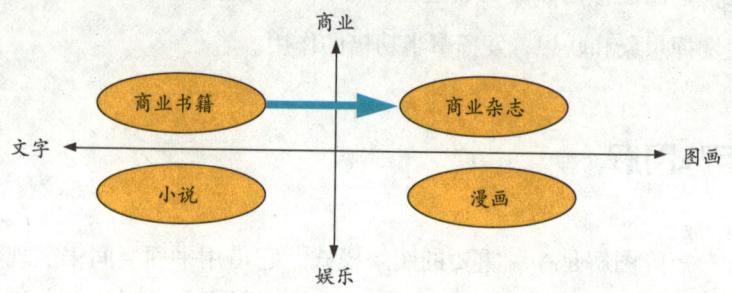

箱型矩阵

箱型矩阵也在横轴和纵轴上有一定的参数，它的特点是按照参数的大小和高低对4个空间进行分类。右面的图解是在市场营销中常见的产品组合管理矩阵，横坐标为市场占有率，纵坐标为市场成长率，按照箭头所指的方向，参数由低变高。右上方的业务，市场占有率高，市场成长率也高，有发展前景，是最有竞争力的业务，因此称为"明星业务"。右下方，市场占有率高，市场成长率低，继续保持高市场占有率就能取得高利润，可以称为"现金业务"。左上方,市场成长率高,市场占有率低,还处在发展阶段,经过调整很有希望提高市场占有率,所以称为"问题业务"。左下方,市场占有率低,市场成长率低,夺回市场的可能性很小,应该考虑退出市场了,那部分业务称为"瘦狗业务"。

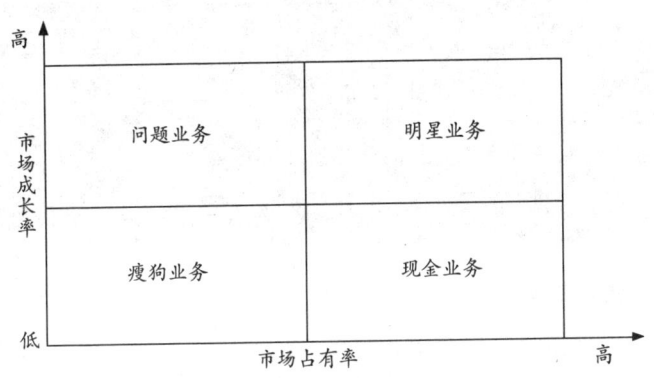

情报型矩阵

这是适用于整理信息的典型的图解类型,简单地说,也就是分项列举的表格。具体画法是,先画出长方形的外框,然后在第一行和第一列填上相关的项目名称,在其余的表格中填写文字信息。情报型矩阵的好处是可以清晰地传达众多的信息,使原本散乱的信息有条理地呈现出来,很容易检查出是否有遗漏的内容,而且通过矩阵还可以看出信息的分布和信息之间的关系,比如下面的课程表。

		星期一	星期二	星期三	星期四	星期五
8:10 — 8:50	1	语文	语文	美术	数学	英语
9:00 — 9:40	2	音乐	数学	音乐	语文	语文
10:00 — 10:40	3	语文	体育	语文	英语	数学
10:50 — 11:30	4	数学	英语	语文	体育	健康
午　休						
2:30 — 3:10	5	语文	综合	写字	英语	思想品德
3:20 — 4:00	6	美术	班会	信息技术	写字	语文
4:20 — 5:00	7	阅读	健康	英语	阅读	阅读
5:10 — 5:50	8	写字	美术	思想品德	美术	写字

检查型矩阵

　　检查型矩阵同样是以常见的表格为表现形式，但是用符号代替文字信息，适用于做标记的图解。填好第一行和第一列的项目之后，就可以在交叉的表格中填入符号。比如，用 Y/N 或者√/×代表对错，也可以用●代表已有的或已做的，用○代表未有的或者未做的。符号的种类没有限制，你可以根据自己的喜好来选择。

　　检查型矩阵非常实用，可以根据需要变化出多种方便又实用的图解模式。比如，下图是某月的日历，你准备对这个月的工作情况做一个检查，没有完成任务的那些天用○表示，按时完成任务的那些天不加任何符号，超额完成任务的那些天用●表示。你还可以由表格快速掌握自己的工作信息：4 天超额完成任务，3 天没有完成任务，其中 2 天是周一，这是不是说明你不能很快地从周末的休息状态过渡到工作状态呢？

日	一	二	三	四	五	六
	1 ○	2	3	4 ●	5	6
7	8	9	10	11	12	13
14	15 ○	16 ●	17	18	19 ●	20
21	22	23	24 ●	25	26	27
28	29	30 ○				

图表图解

当我们需要处理大量数据的时候，就要用到图表。Excel 软件的应用使数据整理变得非常方便，不仅可以把数据呈现出来，还可以按照升序或降序对数据进行排列。按照一定顺序排列的数据可以帮助我们轻松地看出事物的发展趋势，快速掌握整体概要，方便我们采取相应的对策。下面的图表是对某产品销售额进行的升序排列之后的结果，哪几个月销售额较大一目了然。

	A	B	C
1	月份	销售金额（元）	
2	1 月	6 325	
3	9 月	6 394	
4	3 月	6 587	
5	6 月	6 915	
6	12 月	7 196	
7	8 月	7 413	

（续表）

8	2月	7 468	
9	7月	7 785	
10	11月	8 431	
11	5月	8 732	
12	10月	8 752	
13	4月	9 514	

为了使信息更加直观，还可以用柏拉图图表来表示。所谓柏拉图图表，就是按照数量的多少或频度的高低由左到右进行排列的图表。

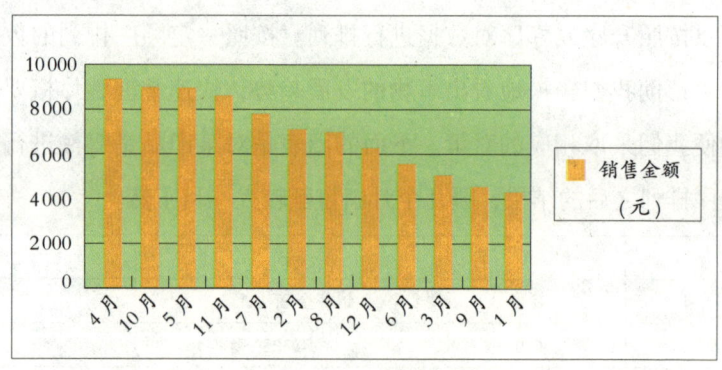

柏拉图图表是柱形图的一种，它强调数据的大小关系。此外，我们还可以按照坐标轴上的月份进行排列，如下图所示。

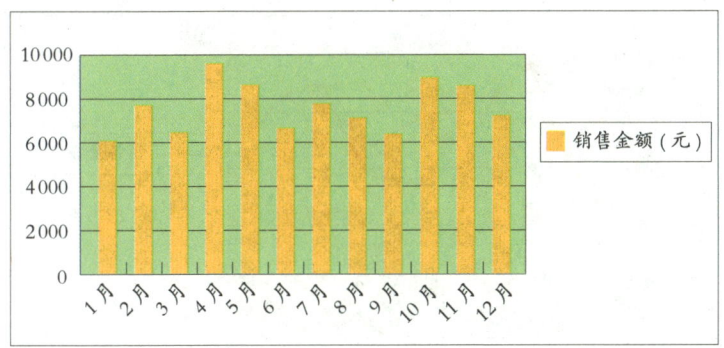

另外，图表图解还有饼图、折线图、圆环图、雷达图、气泡图等多种形式，可以增强视觉效果，更加直观、形象地表现数据之间的关系。你可以根据需要来选择合适的图表类型。比如，有关项目很多，而且各个项目之间的数据差距不是很大，就不适合选择饼图。如在下图中就很难看出各月份之间的销量差距，采用折线图效果就会明显得多。

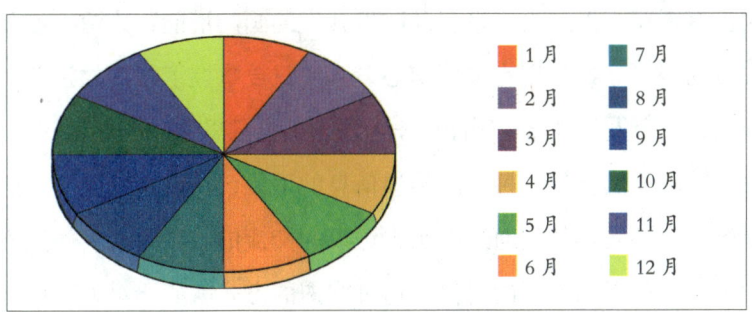

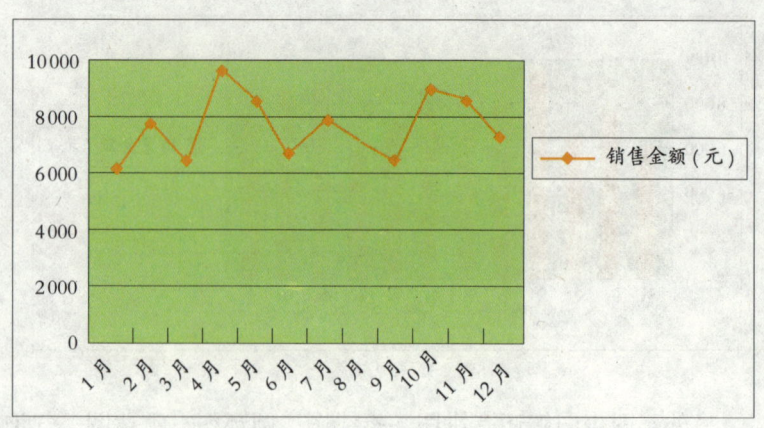

利用想象和联想

提到画图,可能很多人会说:"我没有绘画的天赋,不会画图。"据调查,世界上有95%的人认为自己没有绘画天赋。事实上,绘图的能力是与生俱来的,有些人之所以不善于画图,不是因为他们没有天赋,而是由于没有及时地开发绘画的潜能,一两次绘画失败的经历导致他们丧失了信心。其实只要掌握了绘图的技巧和原则,每个人都可以运用图解学习法帮助自己思考。

图画天然就是一种用来传递信息的手段,在没有发明文字的原始社会,人类就是通过图画来记事和交流的。当两个人使用不同语言沟通遇到障碍的时候,通过画图的方式就能让对方明白自己的意思。

文字的发明给人类带来了辉煌灿烂的文明。其实,在发明文字之后，人们还在有意无意地使用图画——最常见的就是绘制地图。显然，用文字来描述一张地图特别费劲，如果用图画来表达就很直观，某个地点的具体位置、地点与地点之间的位置关系一目了然。此外，在阅读文章的时候，你忽然看到了一句有意思的话，为了方便以后查找，你会在那句话下面画一道线。当你试图理解一份文件的时候，可能你会把其中的关键词用特殊的符号标注出来。在你准备出去购物之前，为了避免忘记要买的东西，你可能会列一个购物清单……这些都是对图解的简单应用，也许你在使用的时候没有意识到，但是使用这种方法的好处已经显现出来了。它可以帮你理清思路，从杂乱的信息中找出重点信息。

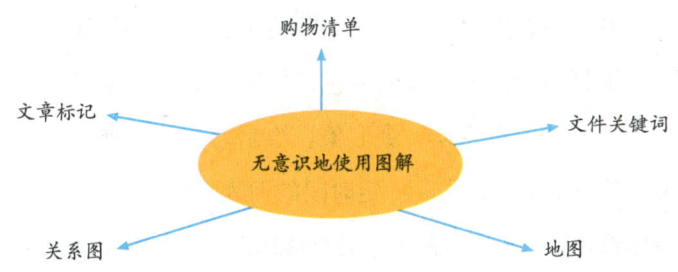

我们的大脑中存储着大量的信息，当我们思考问题的时候，大脑就会把相关信息连接起来，通过分析信息之间的关系寻找解决问题的方案。但是，当我们处理一些复杂的问题的时候，就很难仅凭想象就在头脑中理出头绪了，如果把头脑中的信息表现在一张纸上，它们之间的关系就十分清晰明朗了。

绘制图解需要你将想表达的内容图解在纸上。在图解的过程中，你要尽情地发挥想象力和创造力，使图解的内容既能全面地概括与思考对象相关的信息，又能表现出信息之间的逻辑关系，帮助你快速找到解决问题的方法。图解的时候，运用图形、色彩和插画可以让你的图解更生动。当你把头脑中的想法——展现在纸上的时候，你会发现绘图的过程很有趣。

绘制图解最基本的原则就是放弃成段的文字，改用图形、表格、图表等来表达。首先，你只要将头脑中想到的事情用一些关键词写在纸上就可以了，充分运用想象和联想把头脑中浮现出的信息全部写下来，然后用线条把相关事件连接起来，或用一些符号把事件之间的关系表示出来。这样图解就完成了一半了。

有了整体的轮廓之后，再从细节着手，加入一些基本图形或插画，或根据需要涂上不同的颜色，使所有信息都具有视觉化的效果，这样的图解更生动、更形象。绘制图解并不难，但是要想绘制出高质量的图解，需要一定时间的训练。

当你看到"汽车"这两个字的时候，你的头脑里浮现了什么？

你的大脑中呈现出的可能是行驶在公路上的汽车的图像，有小汽车、公交车、卡车、面包车等不同种类的汽车，或者你会想到陈列在车展中的样车，由此你会联想到美女香车以及奔驰、宝马等汽车的品牌，你或许还想到了驾驶汽车兜风时的感觉。

总之，接触到某一思考对象时，你的大脑中就会出现与该问题相关的图片或三维立体图。这些画面只在一瞬间就会产生。

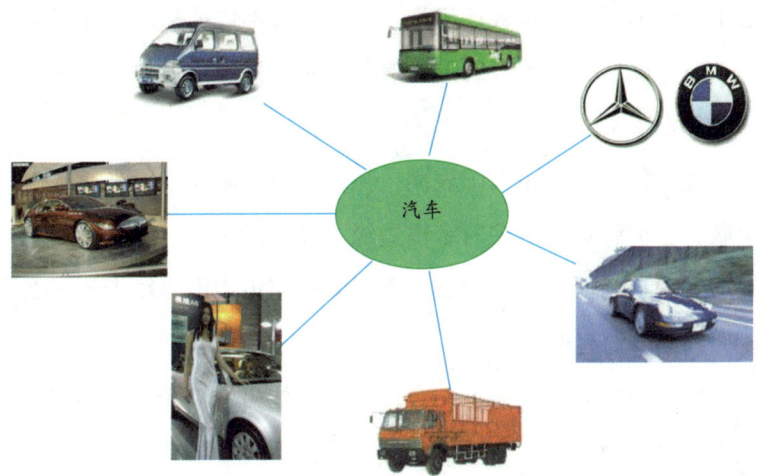

　　大脑的这种神奇的思考过程是通过想象和联想完成的。想象是指对头脑中已有的表象进行加工和改造，创造出新形象的过程。想象是一种高级复杂的认知活动，以直观的方式把模型或形象呈现在头脑中，而不是以符号、文字、概念的方式呈现。联想是由眼前事物的触发而想到与之相关的其他事物的思考过程。天马行空的想象和无拘无束的联想可以大大拓展你的思路，帮你找到解决问题的新方法。

　　图解学习法的过程如下，首先，我们从头脑中或者从外界搜寻各种信息，然后对这些信息进行分析整理，还可以按照自己的意愿进行加工。在头脑中有了大致的轮廓之后，就可以把这些信息合理、有序地表现在纸上了。

　　想象和联想不仅在文学艺术领域有用，在科学研究中同样发挥着不可或缺的作用。爱因斯坦在给朋友的一封信中，解释说他很难把他的科学哲学表述出来，因为他并不以那样的方式思考问题，而是以形象和图表的形式进行思考。爱因斯坦曾进行了这样一个"思考实验"：

他想象自己站在太阳表面，抓住一束太阳光，以光速在太空中旅行。他感觉自己在向宇宙边缘飞去，但是到达旅程尽头的时候却发现自己回到了出发点。在无限的宇宙中沿直线走，怎么可能回到原来的起点呢？

于是他在太阳上换了一个位置，抓住另一束光线驶向宇宙的边缘，结果他再次回到了出发点。爱因斯坦并没有因为这种想法不合逻辑就草率地进行否定，而是依照这个设想进行推理：如果在宇宙中沿一个方向走，总能回到起始点，说明宇宙以某种形式发生弯曲，并且存在一个边界。经过大量的实验和分析之后，爱因斯坦提出了20世纪天文界最伟大的发现：我们的宇宙是弯曲的，并且是有限的。

图解正是对这种充满图像的思考过程的反映。绘制图解的过程就是把想象和联想到的内容在纸上用图形与关键词的方式展现出来的过程。网络般的联想让你的思路可以围绕思考对象向各个方向发散。

插上想象和联想的翅膀，你可以迅速从大脑中提取与思考问题相关的大量信息，对问题进行全面的认识，然后整理出信息之间的关系，找到解决问题的方法。自由的想象和发散的联想可以帮你寻找各种潜在的可能性，很容易得到新的创意和思路。

绘制图解的基本图形

图解并不需要太多的绘画技巧，所以，如果你没有美术基础，也不必担心。图解过程中使用得较多的是几种基本图形，只要掌握了这些基本图形，就能把图解的大概结构表现出来了。

基本图形主要是指圆形、长方形、三角形等图形。

为了增强视觉效果，使图解看起来更加形象、生动，还可以给图形加上颜色、阴影，或者使图形立体化。

在使用基本图形时，要注意处理好图形与文字的关系，太稀疏或太紧凑都不美观。不能在很大的图形内写入很少的关键词，同样不要在很小的图形内写入很多的关键词。

基本图形还有一种典型的用法，就是对基本图形进行分割处理，把一个图形分割成几个小空间，在小空间内填入关键词。

我们还可以把长方形分为上下两部分，上面是一个小长方形，可以写上几个关键词作为标题，下面可以列举与关键词相关的简短句子。当你想把大量信息放在图解中的时候，这种形式是很实用的。如：

> **减肥的方法**
> - 做运动
> - 吃减肥药
> - 做手术
> - 控制饮食
> - 针灸

表格就是对这种用法的极端表现形式,把一个长方形分割成很多小方格,然后在方格内填入文字和数据。这样可以使众多的信息一目了然,尤其是一些具有对应关系的信息,在表格中可以很有条理地一一对应地呈现出来。

水果	价格(元/千克)
苹果	4.6
橙子	5.0
橘子	4.7
鸭梨	2.2
菠萝	4.5
香蕉	3.0

图解学习法之所以在各个领域的应用都很广泛,就是因为这些基本图形的可塑性非常强,可以自由任意地组合。通过这些简单的基本图形,你可以表达出想表达的所有信息。

利用图形表达相互关系

掌握了基本图形以及基本图形的变形和分解之后,还要考虑图形之间的组合方式。图形之间的组合体现图形中关键词之间的关系,主要由箭头和线条来连接。

下面我们来详细介绍如何利用图形表达事物之间的关系。事物之间的关系大体可以分为独立关系、从属关系、重复关系和组群关系。

独立关系

如果两个事物之间相互独立,则以并列的方式来表现二者的关系。

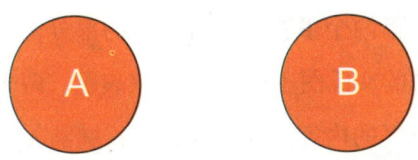

如果相互独立的两个事物之间存在联系,则可以用箭头来表示。有些事物之间的作用是相辅相成、相互循环的,这时可以用方向相反的两个箭头表示;有些事物之间的关系是相互对立的,我们可以用一个双箭头来表示;有些事物之间具有顺序关系或因果关系,我们可以用单箭头来表示。

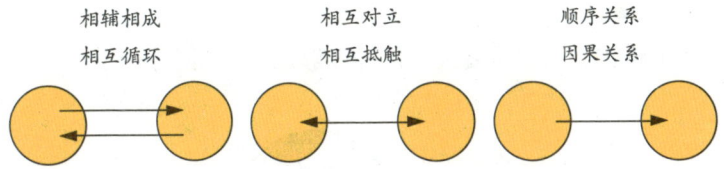

从属关系

有些事物之间具有一定的包含关系或大小关系,我们把它们统称为从属关系,即某一事物依存于另一事物的状态。比如,A依存于B,我们可以表示为:

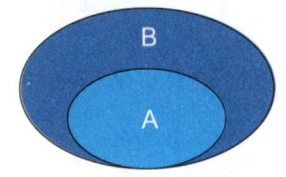

在这个关系中，A是B的一部分，显然A比B小，处于从属地位。

重复关系

重复关系是指两个事物之间有重合的部分，这种关系可以用数学上表示集合的文氏图（Venn图）来表示。两个椭圆交叉的部分就表示二者重复的内容。如下图所示，椭圆A和椭圆B都有内容C。

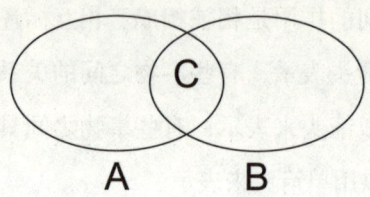

3个事物之间的重复关系同样能够用文氏图来表示。

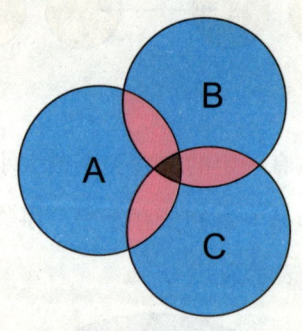

文氏图还可以用来检验表示事物之间重复关系的三段论，比如：

凡P都是M，

凡S都不是M，

所以，凡S都不是P。

这是一个正确的三段论，用文氏图来表示可以一目了然。

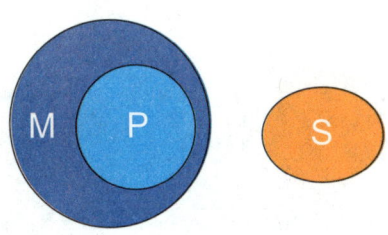

我们再来看一个错误的三段论：

凡P都是M，

凡S都是M，

所以，凡S是P。

单凭想象可能很难把它们之间的关系弄清楚，用文氏图来表示就一清二楚了。

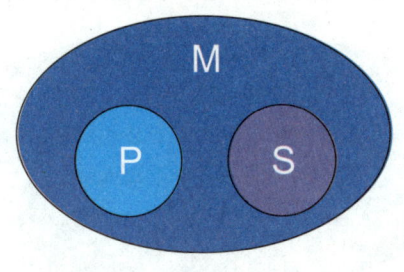

组群关系

组群关系是指一个群体之内各个部分之间的关系。这种关系也可以用文氏图来表示。比如，四年级一班的学生中，9岁的有21人，10岁的有17人，其他年龄的有5人，这个班一共有多少人呢？如图所示：

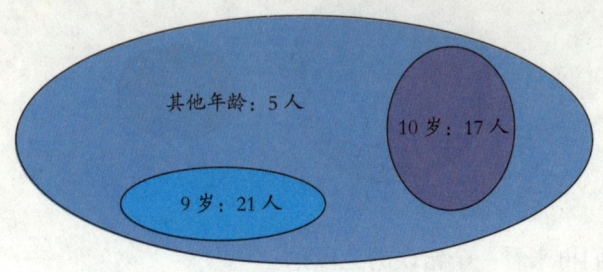

显然这个班的人数是：21+17+5=43人。这是一个求和的过程。下面我们再来看一个已知总数，求单项数量的例子：

这个班级组织了两个课外活动小组，一个美术小组，一个音乐小组，有15人只参加美术小组，12人只参加音乐小组，10人什么小组都没参加，问有多少人同时参加了两个小组？

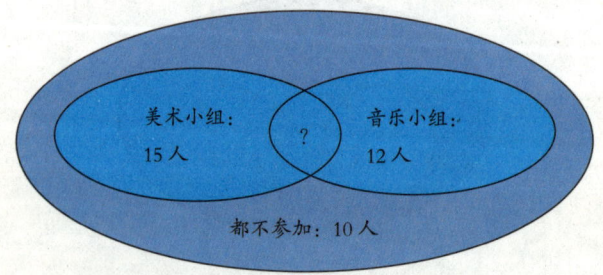

两个小组都参加的人数是：43-15-12-10=6人。

用文氏图来表示问题可以让相关信息清晰地呈现出来，非常直观，一眼就能看出各个信息之间的关系。在处理信息量大、信息之间关系混乱的问题时，图解法非常实用。

连接基本图形

前面我们介绍了如何用基本图形来表示事物之间的关系，这一节我们来介绍如何用线条和箭头来表示事物之间的关系。线条和箭头具有视觉的导向作用，用它们把图形连接起来，可以更加清楚地表现各部分之间的关系。

首先，如果事物之间是对等关系，或者几个事物是某一事物的构成要素，就可以用直线把它们连接起来。比如小说的三要素：人物、环境和故事情节。直接用文字来表示显得单调、苍白，无法表现它们之间的关系，很难发挥想象。我们可以用图解的方式把小说的三要素形象地展现出来：

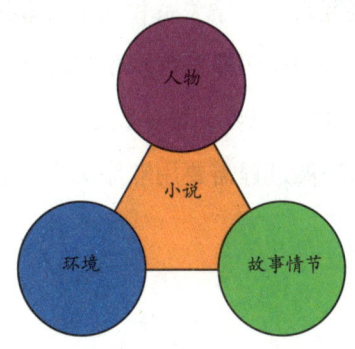

当你绘制关于某个问题的全景图的时候,需要用曲线引申出相关的信息。因为全景图要展现大量的信息,直线枯燥乏味,给人压力,会让人感到厌烦。曲线和分支相对来说比较自然、柔和,能够缓解视觉疲劳,吸引人的眼球。

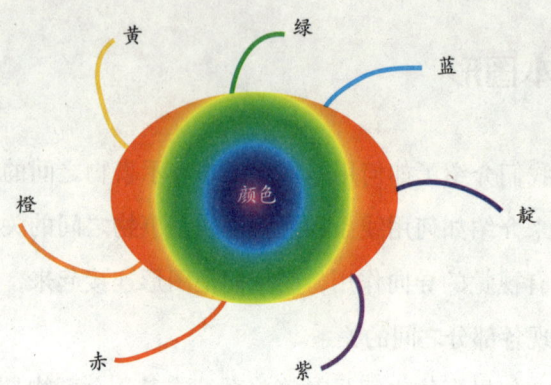

你还可以根据实际情况对线条进行修饰。比如给线条增添颜色可以使图解变得更生动,适当地加粗线条或增加阴影可以增强图解的立体感,或者使用点状的虚线来表达次要的联系。

其次,如果你想表现信息之间的顺序关系或因果关系,就要用箭头把图形连接起来。顺序关系和因果关系是信息之间最常见的关系。当你能够自如地用箭头展现信息之间的顺序关系、因果关系之后,你就掌握了图解学习法的精髓了。

通常,事情的进展过程需要用顺序关系来表示,比如工厂的业务流程:

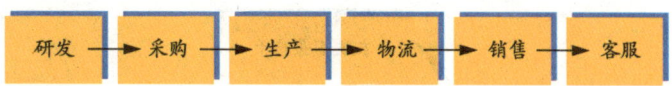

因果关系是指事物之间存在引起与被引起的关系。事物之间普遍存在着因果联系：天上下雨导致地面湿，"春种一粒粟"导致"秋收万颗子"，勤奋学习导致考上大学，助人为乐导致好人缘……

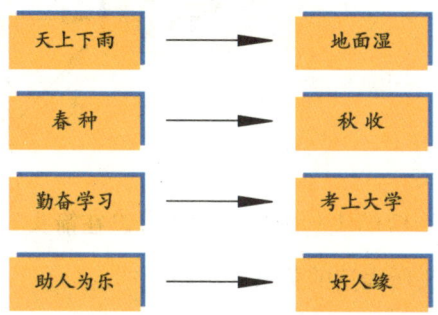

我们举的这几个例子都具有显而易见的因果关系。事实上，无论是在自然界还是在人类社会，因果关系并不是如此清晰明了地一一对应的。有时一个原因可以导致多种结果，一个结果可能是由多种原因引起的。例如，天上下雨仅仅导致地面湿吗？还会带来别的结果吗？"地面湿"一定是下雨引起的吗？还有别的原因吗？请看下面的图解。

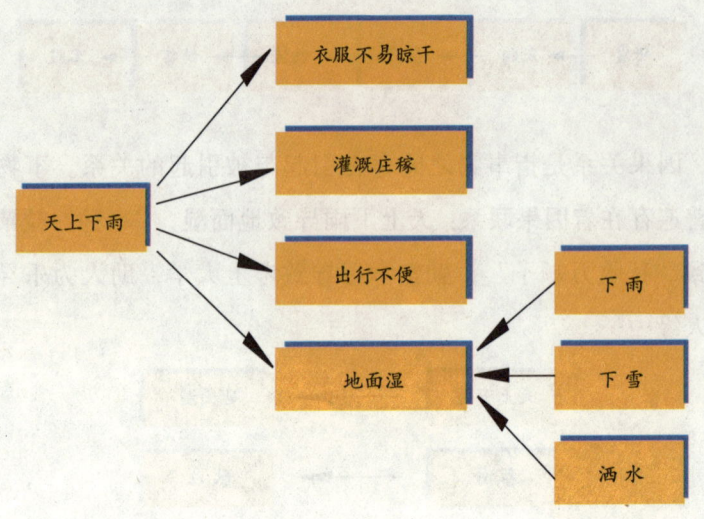

为了提高图解的表达力,我们还可以在箭头上面或旁边加上注解,标明箭头所表达的关系。例如:

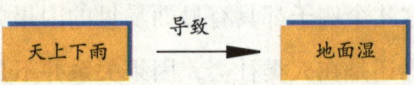

箭头有很多种形式,除了单向的直线箭头,还有双向箭头、三向箭头、四向箭头、转向箭头等。你可以根据需要选择恰当的箭头来连接图形,连接方向有上下、左右或斜向等不同角度的变化。为了增强视觉效果,你可以适当地做出调整:把箭头线条加粗、加上颜色或者画成点状等。

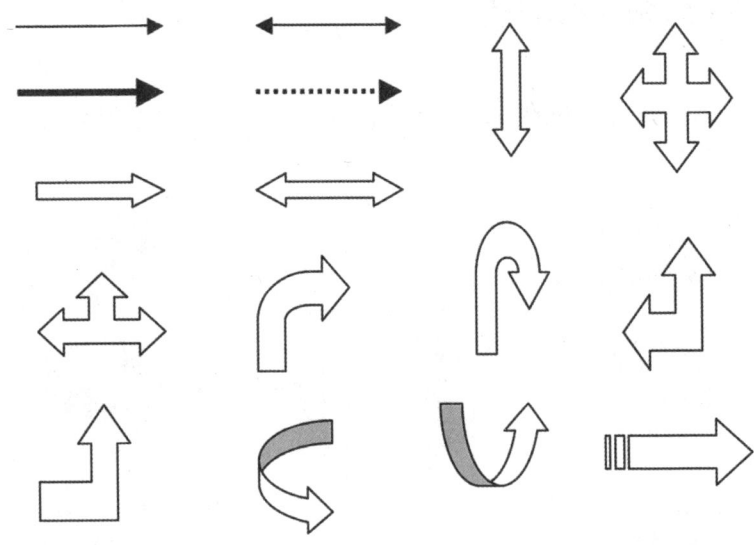

此外,还有一种可以用作标注的箭头,即把箭头和图形结合起来,可以在箭头内写上关键词。这时箭头本身就是一种图形。

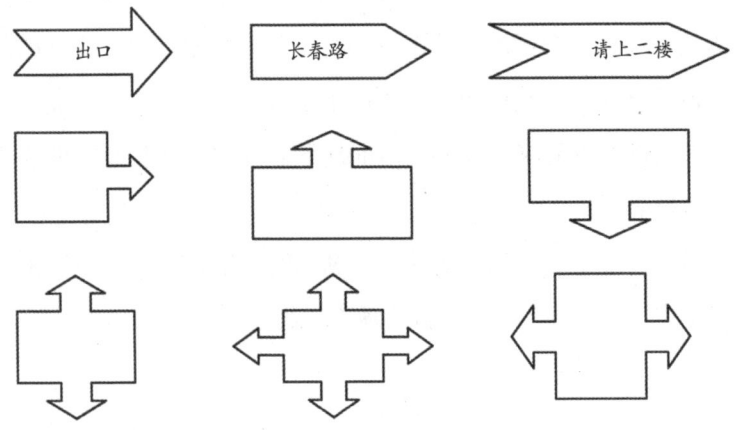

掌握绘制图解的技巧

下面我们从好的图解和不好的图解的对比关系中把握二者的区别：

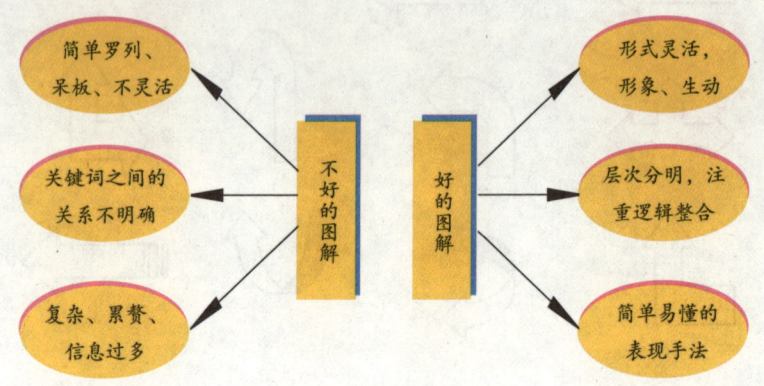

首先，好的图解应该是形式灵活多样的，而不是简单的信息罗列。在绘制图解的过程中，应该大胆尝试运用色彩、阴影效果、立体效果和插画等元素，使图解的视觉效果丰富起来。优秀的图解应该遵循简单明确的原则，图解中不宜有过多的文字表述，那样会失去图解的意义。绘制图解时应该删除多余的信息，使主要内容清晰明了起来。

对上一节中关于如何增加公司利润的图解可以采用逻辑树的图解模式，使信息之间的逻辑关系清晰地呈现出来：

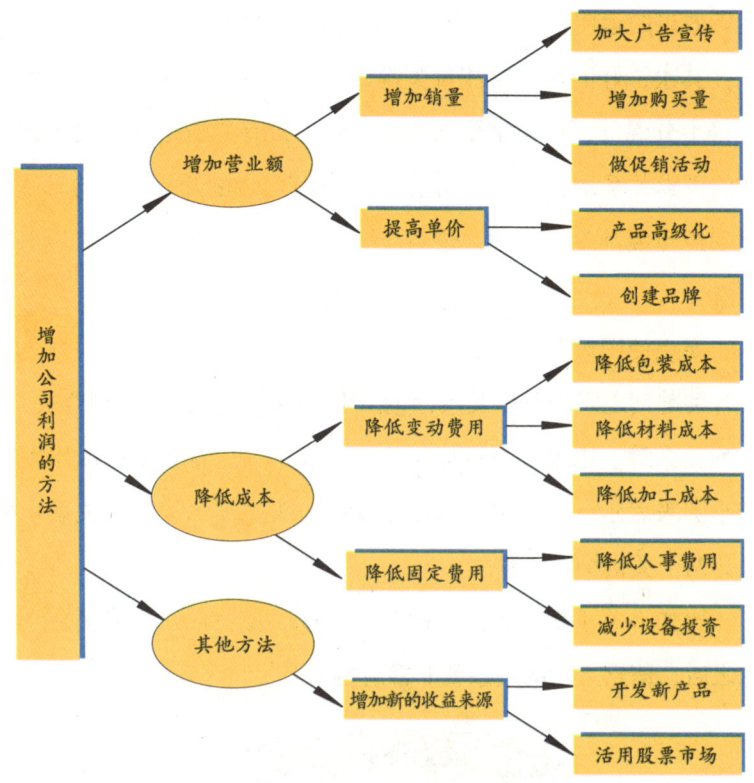

　　这个图解对各个关键词进行了阶层分组整理，先从总体上把所有的关键词分为 3 类：增加营业额、降低成本和其他方法。然后又分别对每一类进行了细分，增加营业额的方法又分为增加销量和提高单价两类，降低成本的方法又分为降低固定费用和降低变动费用两类，其他方法有增加新的收益来源。所有具体的方法基本上都可以归入这些类别，这就使每一个具体的方法都与上一层级体现出一定的逻辑关系。另外，色彩、剪贴画、立体效果、阴影效果的运用，可以使图解更加生动、形象。

其次，好的图解要注重关键词之间的逻辑关系，否则图解会显得十分混乱，比文字更加难以理解。只有弄清楚各个关键词之间的逻辑关系，才能绘制出简洁明了的图解。刚开始绘制的时候，出现逻辑混乱是正常的，逻辑思考力需要一定的锻炼才能越来越纯熟。

要想使图解具有逻辑性，首先要掌握整体与部分的关系，以及各关键词之间的逻辑关系，包括因果关系、包含关系、对立关系、并列关系等。因果关系可以用箭头来表示，包含关系可以用大圆套小圆来表示，对立关系可以用双向箭头来表示，并列关系则可以让两个关键词相互独立。

比如，关于裁员理由的图解，经过一番整理，删掉多余的信息之后，信息之间的关系就非常清楚了。

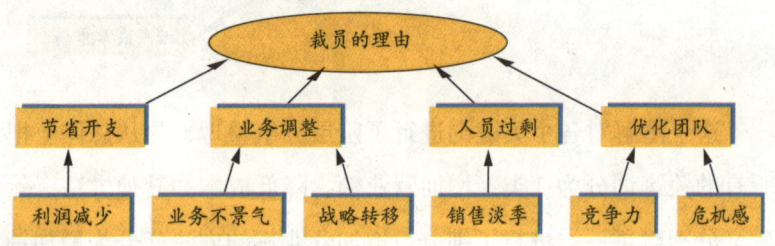

此外，好的图解要采用简洁易懂的表现手法，把冗长的句子、多余的信息删除，使图解内容精练明确。右上图是对上一节中关于市场营销策略的图解进行修改之后的结果：

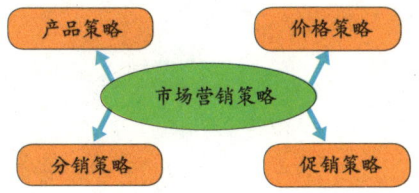

　　把多余的信息删除之后,图解要表达的内容就更加清楚明确了。

第三顶学习帽:
新 CES 学习法——
学习赢在效率

提高上课记笔记的效率

做笔记。
- ✅ 你是否听到了全班同学的集体抱怨声?
- ✅ 你是否因为历史老师讲得太快而翻白眼?
- ✅ 你是否每次试图重新翻阅笔记时,却发现自己写下的笔记原来是本"文字堆积起来的天书"?

嗯,我们的课业笔记几乎都是——照抄板书、课本的"克隆"版"文字堆"式的笔记。

而你,则是不折不扣的"抄录机"。

看看右图各课业笔记中的行行排列式,是否与你的笔记形神皆似?

语文笔记

数学笔记

生物笔记

英语笔记

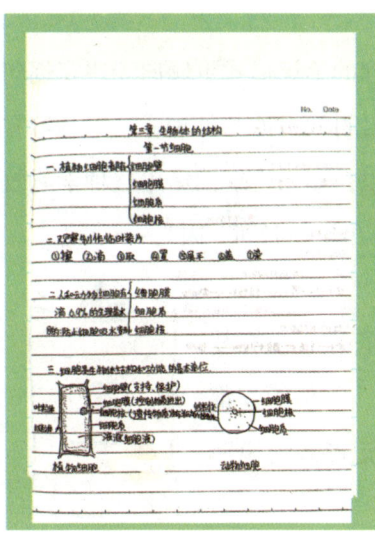
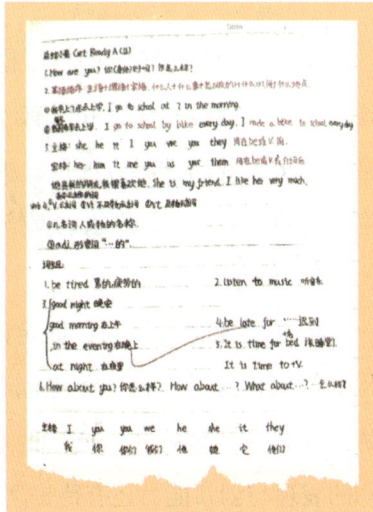

为什么你的笔记很无效？

研究表明，"传统的行行排列的笔记形式更倾向于逐字逐句地记录讲课内容，信息并没有经过自我过滤与处理，这对学习有害且是最无效的学习方法！"所以，如果再继续运用这种学习效率不高的笔记方式，你永远都挤不出玩的时间。因为——

1. 单调，易疲劳

单一的纯文字书写、固定的行数、没有变化的展现形式、单调的笔迹颜色，每每阅读都仿佛在自我"催眠"，这样的笔记形式也说明你的表现与创新能力还有待提高。

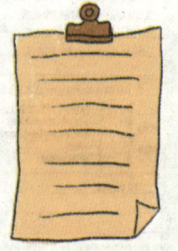

2. 有用信息少

真正有用的关键信息只占"文字堆"的20%,这意味着你必须要读完80%的无用文字后才能找到"精华"。

3. 不易修改

满满一页文字,基本没有余地再补充新知识,如果有了新的相关内容,写在哪里呢?多数学生只能被迫将其夹在字里行间,或者把它加在带有星号的页面底部。

4. 不易总结归纳

传统笔记形式无法让人一目了然地获得对整体课业知识的印象。一本书都学完了,你能通过笔记快速总结自己都学了些什么吗?

5. 增加大脑工作量

手写文字不易识别,而边识别边记忆,也会增加大脑工作量。

传统笔记点评:

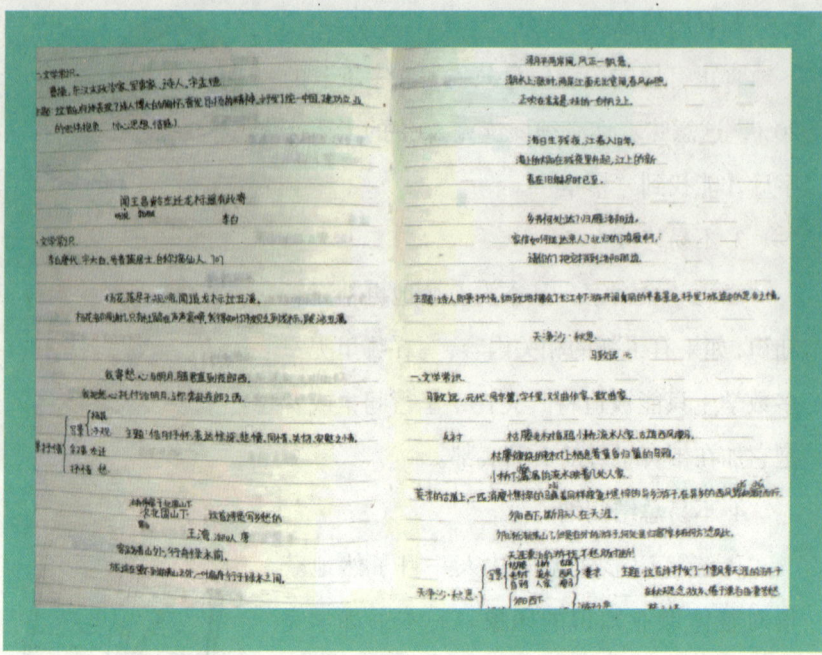

上图中的笔记有三点不足:

1. 两个对页中同时放了两节课的内容,需要仔细辨别才能区分出两节课的内容,而且重点与非重点也没有突出。

🐻 游戏时间

你能第一时间找到"天净沙"的中心内容吗?

2. 行行有字,全部页面空间都占满了。

🐻 游戏时间

如果想给"天净沙"的作者马致远再补充一些其他内容,写在哪里呢?

3. 笔迹颜色只有一种黑色，不易一眼看到重点内容。

像科学家一样做笔记

科学家们最懂得如何从海量信息中浓缩、归纳最有价值的知识点，也最懂得如何有效利用有限的时间创造出无限的事情。他们各种创造力就是从笔记开始的———

科学家达·芬奇的笔记

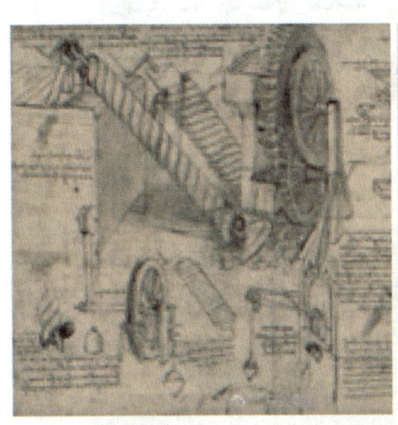 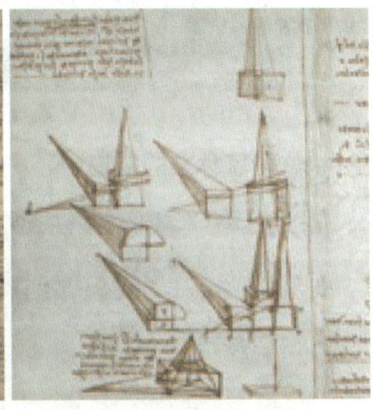

这些笔记都是达·芬奇没来得及整理的笔记，据说整理之后可以加快当时30年的科技发展。达·芬奇记笔记需要去巩固以及延伸出新的知识，而使知识体系更加完善、壮大。

物理学家牛顿的笔记

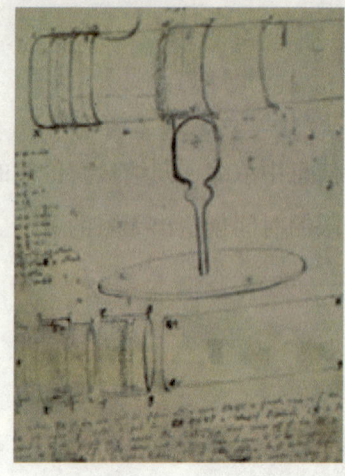
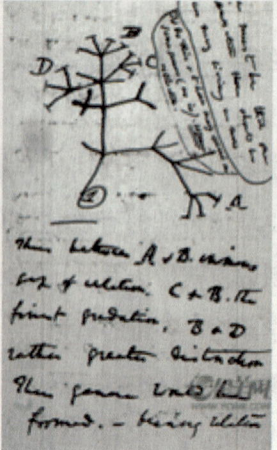

植物学家林奈的笔记

生物学家达尔文的笔记

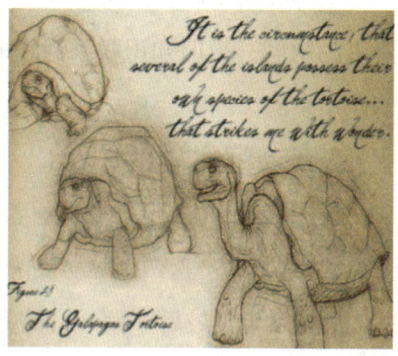

视觉图像穿过我们,就像云彩划过天空一样。

有效听课应注意的 8 个细节

高效的学习者听课都有一个特点,那就是"听课要听细节",有效听课的 8 个细节具体为:

1. 留意开头和结尾

老师在讲课时,开头一般是概括上节课的要点,指出本节课要讲的内容,把旧知识联系起来的环节,要仔细听清。老师在每节课结束前,一般会有一个小结,这也是听课的重点所在。

2. 留意老师讲课中的提示

我们在听课中,经常能听到老师提示大家:"大家注意了","这一点很重要","这两个容易混淆","这是不常见的错误","这些内容说明","最后"等字眼,这些词句往往暗示着讲课中的要点,应该给予足够的重视。

3. 学会带着问题听课

善于学习的人几乎都有一个好习惯,即他们善于带着问题去听课。听课不是照搬老师的讲课内容,而应积极思考,学会质疑,解决困惑。

带着问题去听课可以提高听课效率,可以在听课的时候有所选择,大脑也不容易感到疲劳,不仅听课效率高而且会更轻松。

4. 留意老师讲解的要点

听课过程中,我们应该留意老师事先在备课中准备的纲要是什么,上课时,老师是怎样围绕这个提纲进行讲解的。我们在力

求抓住它、听懂它、理解它的同时，还可以通过听讲、练习、问答、看课本、看板书等途径，边听边明确要点和纲要，弄懂知识的内在联系。

5. 留心老师分析问题的思路

各学科知识之间都有前因后果、上关下联的逻辑关系，有时可以相互推理，思路互通。在理科中表现得比较明显，比如一个定理、一条定律、一道习题，都有具体的思维方法，我们用心留意老师分析问题的思路和方法，仔细揣摩，就能轻松获得灵活的思维能力，越学越出色。

6. 留意老师的板书归纳和反复强调的地方

不言而喻，反复强调的地方往往是重要的或难以理解的内容，板书归纳不仅重要，而且是具有提纲挈领的作用。要注意在听清讲解、看清板书的基础上思考、记忆，并且做好笔记，便于以后重点复习。

7. 留心老师如何纠错

每个人都有做错题的时候,当老师在为同学纠错的时候,不管是你做错的题或者是别人做错的题,你都应该留心。如果你能对这些容易做错的题保持足够的警惕,那么以后就能有效地避免犯同样的错误,千万不要以为别人做错的题与你无关。

8. 留意老师对知识点的概括和总结

几乎每个老师都会在上完一堂课或讲过某些知识点之后进行概括和总结,这些"总结"是课堂知识的精华,也是考试的重点,应该好好理解和掌握。

语文积累词语的 4 种方法

积累词语,是学好语文的有效手段,积累更多的词语,可以多阅读,多摘抄,具体说来,我们可以从以下几方面着手,扩大自己的词汇量:

1. 从课文中积累词语

课文中有许多规范、优秀的词语可供我们学习、积累。我们在学习一个单元后,可以把所学的词语收集整理一下,挑选最好的分门别类地收入词语卡中。这样,复习课文和积累词语两不误。

2. 从课外读物中积累

大量的课外阅读是同学们积累词语的重要来源。因此,我们不仅要搞好课外阅读活动,而且要从课外读物中摘抄词语。特别是遇到不懂的词语,千万不要放过,要真正弄明白为止。

平时多读一些经典的童话、故事、诗歌和优秀的作文集,以及报纸杂志等,边读边记录,把课外书中优美、动人、富于时代感的词语坚持不断地记录下来,天长日久便可积少成多了。

3. 利用工具书积累

《现代汉语词典》《成语词典》《新华字典》《分类成语词典》等工具书是规范词语的专门书籍,都是我们参考的重要工具书。

4. 从日常生活中积累词语

生活是写作的来源,在日常生活中,我们会接触到各种各样的人,他们在日常生活中往往会有些新鲜、别致、富有创造性的口头语。这些语言是书本中难以觅到的。因此,多留心人们的言谈也是积累词语的一个好方法,将这样的语言应用于作文中,会使你的作文富于生活气息和创造性。

5. 在使用中积累

积累的目的是为了使用,平时回答问题、与别人谈话或作文时,要尽量运用已掌握的词语,这样才能达到巩固的目的。

4个妙招背课文一步到位

对很多学习者来说,背诵并不是一件令人头疼的事,而是有技巧可言:

1. 尝试回忆法

即在背记过程中,试着合起书本,背完后与课文对照,让背诵一步步达成成熟的地步。

2. 化整为零

先把课文分成几个段落来背诵,把每个段落背诵熟练,然后合起来背诵整篇课文。

3. 眼口手并用法

背诵过程中,通过手写、眼睛集中注意力、口读的方式达到快速背诵的目的。

4. 全文重复法

当背诵一篇短文或一首古诗时,可以从头到尾、反复多遍背诵。

作文立意把握 6 大特性

好的作文立意可以从 6 个方面体现出来:

1. 有创造性

如今的作文,对文体的限制性越来越小,我们发挥的空间也越来越大,每个人都可以充分发挥自己的创造性,以赢取作文的高分。

2. 体现人情味

正所谓以"情"动人,这也说明,只有真情实感才能打动别人,在作文写作中,千万不要虚构情感,只有发自内心的真实感受才是最可贵的。

3. 有新颖性

立意新颖,可以运用求异思维,从方向和侧向来思考问题,提出与普遍看法不一样的观点,达到出人意料的效果。

4. 有深刻性

即能够通过表象挖掘出本质性的东西,能在别人的观点上更进一步,发现别人没有发现的东西。

5. 体现时代气息

作文不是凭空想象的结果,如果能够贴近社会现实,关注时代的变化,这样的作文往往更能受到老师的青睐。

6. 体现集中性

立意切忌面面俱到,分散主题。好的立意应该集中在某一点上,并可以围绕这个点展开写作。而这个点就是立意的圆心。

积累剪报,是提高写作的有效手段,其实,写好作文贵在平时多积累、多练笔,不断地积累自己的财富,经常阅读思考,并把看到的东西运用到平时的日记和作文中,这样作文才能有很大的提高。

主要做法有以下3步:

(1)买一个笔记本。

应注意的是,笔记本的前几页空着不写,做剪辑文章的目录。

(2)积累的剪报要经常翻阅。

把报纸和杂志上的精彩文章剪辑后,进行归类整理,并经常

拿出来欣赏阅读，有效积累自己的素材。

（3）列一个练笔的小专栏。

可以列举一些比如妙语连串、随笔、写景等小专栏，并在旁边留一个空白，平时看到或者赏析到此，可随手写下自己的感受，或者仿照剪辑的文章自己也随手发挥一下。

总之，语文知识的学习重在积累。剪辑报纸和杂志既能积累素材，又能提高本身的文化涵养，还能为作文很好的服务，何乐而不为呢？

做好作业有6项注意

每一个善于学习的人在做作业时，都有自己的心得体会，一般而言，需要注意6个方面：

1. 作业要工整、简明、条理清楚

平时做作业时，应当养成良好的习惯。工整、简明、条理清楚的作业可以反映一个人一丝不苟的学习态度。工整、简明、条理清楚的作业可以避免出现不必要的差错，有利于检查时查找；另外复习时看起来也方便；老师批阅起来可以快得多。

2. 作业要保存好

如果你能按照知识系统，定期将作业分门别类地保存起来，放进卷宗或公文袋中，到复习时可随手拿来参看。作业是学生平时辛勤劳动的成果，不注意保存好，就等于把自己的劳动果实白白丢掉了。

3. 作业要独立完成

每一个高效的善学者都会自己独立完成作业。

做作业的目的，是巩固、提高和扩展所学知识，培养分析问题和解决问题的能力。无论课堂作业还是家庭作业，都是学习过程中必不可少的重要环节。

即便自己独立做作业吃力，如果不是自己独立完成，就难以发现学习中的薄弱环节和不足之处，容易养成依赖心理和投机取巧的坏毛病，当必须自己思考和解决问题时，就会不知从何下手。

4. 不拖沓作业

善学者从不会为每天大堆大堆的作业感到头疼。如果一个学生

每天写作业拖沓，那就糟了。整天都在应付作业，玩的时间被挤掉了，生活和学习变得既劳累，又无乐趣。所以尽量不要拖拉作业。

5. 切忌模仿做题

有一些学生喜欢模仿做题，所谓模仿做题就是指在做题过程中机械地套用老师的解题方法、解题格式，或者机械地套用公式，或者机械地套用自己以前的解题经验，对做题过程所想到的、所写出的每一句话或者每一步心理活动过程都不明确。

总的来说，只是模仿做题对我们收获不大。

6. 不搞题海战术

事实上，很多优等生都不是通过题海战术做出来的。无论在学校还是在家里，经常见到有些同学超负荷地做练习题，漫无边际、毫无目的。

大量的练习题只会让我们思维混乱，晕头转向，难以应付。做习题应当有所选择。实际上，教科书上的作业练习和老师补充的练习，加上各级教学主管部门的各种复习材料，已足够学生的习题量了，根本不需要再去到处搜寻。

11种方法正确进行课后复习

在这里，介绍11种正确进行课后复习的方法：

1. 及时进行第一次复习

很多人都有这样的经验，对于刚刚学习过的知识，越早复习记忆越深刻。不论是在课堂上以各种机会和形式进行复习巩固，还是课后的精读、归纳整理、总结概括、研习例题、多做练习，等等，都是及时复习的好做法。

当天学的知识，要当天复习好，绝不能拖拉，做到不欠"账"。否则，内容生疏了，知识结构散了，就要花更多的时间重新学习。要明白，修复总比重建倒塌了的房子省事得多。

2. 尝试运用回忆

在课后如果能够试着把老师所讲的内容回忆一遍，比如老师讲了哪些内容，如果记不清可以随时翻看课本内容，然后再回忆。如此反复翻看几次书之后才能把提纲编写准确、完整。这种方法可以加强记忆和理解。

3. 多种感官参与复习

手、耳、口、脑、眼并用的情况下可以增强复习效果，不仅适用于文科类的学习与记忆，同样适合于理科。

4. 要紧紧围绕概念、公式、法则、定理、定律复习

思考它们是怎么形成与推导出来的，能应用到哪些方面，它们需要什么条件，有无其他说明或证明方法，它与哪些知识有联系……通过追根溯源，牢固掌握知识。

5. 复习要有自己的思路

通过一课、一节、一章的复习，把自己的想法、思路写成小结，列出表来，或者用提纲摘要的方法把前后知识贯穿起来，形成一个完整的知识网。

6. 复习中遇到问题要先思考

这对于集中注意力、强化记忆、提高学习效率很有好处。每次复习时要先把上次的内容回忆一下,这样做不仅保持了学习的连贯性,引起对学过知识的回想,而且对记忆的连续性、牢固性有很好的效果。

7. 复习中要适当做一些题

可以围绕复习的中心来选题、做题。在解题前,要先回忆一下过去做过的有关习题的解题思路,在此基础上再做题。做题的目的是检查自己的复习效果,加深对已学知识的理解,培养解决问题的能力。做综合题能加深对知识的完整化和系统化理解,培养综合运用知识的能力。

勤于复习，并学会科学地复习，并将此养成一种良好的习惯。只有这样，我们所学的知识才会更加牢固，以后的学习才会更加轻松。

8. 把知识点做成一张"知识网"

每科知识之间都有关联，如果孤立地去看所学的知识，很难理解透彻，如果能把知识点放在一张"知识网"中去看待，那样就很容易理解和记忆。比如，初中代数重点"分式的运算"，如果联系到小学学过的"分数运算"就能容易搞清楚彼此的联系。

9. 运用"方法"和"技巧"

在复习过程中，要注意总结用过的"方法"和"技巧"，主要体现在思维方法和分析解决问题的思路上，这种思路和方法有可能出现在课本中，也可能是老师的点拨。

10. 交叉复习方法

在复习阶段，可以找一些涉及不同部分知识的综合应用题，交替学习同一科目内的不同部分，通过比较分析，可以加深自己对知识的理解和应用能力。

11. 随时自测，时刻认清自己

自我测验既是一种复习方法，也是我们学习主动性的表现。在学习中养成随时对自己进行自我检测的好习惯，会清楚地明白自己好在哪里，差在哪里，随时有针对性地进行重点复习，以达到事半功倍的效果。

7招强化抗挫折能力,实现高分

学习是一个不断遭遇挫折、克服困难的过程。为了实现自己的学习目标,取得高分,就需要我们增强自身的抗挫折能力。

具体说来,有以下7种办法:

1. 培养自己的抗挫折能力

古今中外历史上,所有为人类做出大贡献的伟人,都经历过无数次挫折,都有很强的抗挫折能力。比如,初中语文课本中《生于忧患,死于安乐》这篇文章,我们不能只停留在读书的时候会背诵,最重要的是深入地理解它,最好内化于心。

每当我们遭遇挫折的时候,要学会换一种眼光去看待,学会锻炼自己的意志,让自己一次比一次坚强。

2. 把学习失利当作机遇

我们可以把学习和考试中遇到的失误和失利当成磨炼自己意志的机会,当成增长自己能力的机遇。

3. 时刻充满必胜的信心

一般情况下,当我们遭遇挫折时,情绪难免会失落,这时,你不妨放声高呼几声,比如:"挫折你尽管来吧,我定能战胜你!"

同时,面对挫折,不要退缩,要想方设法去寻求解决问题的新途径。

4. 发挥自己的积极主动性

无论是在生活或学习中,我们都应尽可能地减少对老师和父母的依赖,只要是自己能做的事情,就不请别人帮忙和代做。善于调动自己的积极主动性,我们才能主动锻炼自己,增长抗挫能力。

5.养成锻炼身体的好习惯

健康的身体是取得好成绩的保证。身体的强弱对学习效果的好坏影响很大。一个身体健壮的人,比起身体羸弱的人,往往可以凭借充足的精力去克服学习上的困难。

平时,我们应该有锻炼身体的意识,每天坚持做一至两项自己喜欢的运动,长期坚持下去,自然能增强抵抗恶劣环境的能力。对学习中遭遇的挫折,也许就会不以为然了。

6. 平时主动给自己制造难题

日常学习中，可以根据学习进展，不时地给自己制造些难题，设计些困境，以发挥自己的能动性，挖掘自己的学习潜力，从而完善自己的知识结构。

7. 设法多读一些伟人传记

名人传记是人类的精神养料。比如，我们熟知的罗曼·罗兰的《名人传》中，曾引用了贝多芬的名言："不幸的人啊！切勿过于怨叹，人类中最优秀的和你们同在。"假如你读过这本书，或许在你感到绝望的时候就会想到音乐巨人贝多芬，在迷茫的时候想到画家米开朗琪罗，在孤独的时候想到托尔斯泰。

阅读名人传记，就像是在和伟大的人对话，除了让我们了解到他们的人生经历之外，也能让我们对比自己，从而清楚地看到，原来自己面临的困难是多么的渺小，只要多一些毅力和耐心，任何困难都将不堪一击。

我们在不断阅读伟人传记的过程中，就能感觉到人生就是不断战胜困难、战胜挫折的过程。

其实，像《史记》等历史著作就是很好的人物传记读本，如果是自传性的书，我们尽量选择那些年纪偏大的，对人生有所总结的人的作品，比如季羡林先生的作品就值得一读；如果是给别人写的传记，我们尽量读那些大家的作品，比如林语堂写的《苏东坡传》等。

7招把注意力集中到位

对一个学生来说,没有注意力,就没有学习。对于一个善于学习的人来说,注意力是影响学习效率的最重要因素之一,在学习过程中起着重要的作用。

在这里,有7招可以让你集中注意力:

1. 早睡早起,自我减压

正常休息,多利用白天学习,提高单位时间的学习效率,不要贪黑熬夜,累得头脑昏昏沉沉而一整天打不起精神。相信付出就有收获,让心情轻松、保持愉快,注意力就容易集中了。

2. 放松训练法

你可以舒适地坐在椅子上或躺在床上,向身体的各个部位传递休息的信息。让身体松弛起来,同时暗示它休息,然后,从左右脚到躯干,再从左右手放松到躯干。这时,再从躯干到颈部、头部、脸部全部放松。只需短短的几分钟,你就能进入轻松、平和的状态。

3. 积极目标训练法

学会任何时候将自己的注意力集中起来,是一个高效学习者的重要品质。当你给自己设定一个提高自己注意力和专心能力的目标时,你就会发现,在非常短的时间内,集中注意力就会有很大的改观。

比如这一年我的目标是什么?这一学期甚至这一周我的目标是什么?我应该完成哪些学习任务?一旦目标明确了,学习的动力就足了,注意力就不易分散了。

4. 培养自己专心的素质

如果想让自己专心致志地学习,首先要有自信心,相信自己可以具备迅速提高注意力集中的能力,只要下定决心,不受干扰,排除干扰,我们就可以做到注意力的高度集中。

5. 感官同用法

训练注意力,同样需要调动多种运动器官来协同活动,在大脑皮层形成一个较强的兴奋中心。如耳听录音带,嘴里读单词,眼睛看课本,手在纸上写单词。这样,注意力自然就不分散了。

6. 排除干扰法

排除干扰法,包括外界的干扰和内心的干扰,有时,内心的

干扰比外界环境的干扰更为严重，我们可以通过给内心提示和暗示来训练自己，比如告诉自己有很多大目标都没有实现，必须集中精力。

还可以试着在没有任何干扰的情况下背诵一段300字左右的文章看需要多少时间，然后在旁边有干扰时背这段文章，看需要多长时间，直到在两种环境中时间相同为止。

7. 难易适度法

这种训练方法要求我们对于那些已能熟练解答的习题不要花太多时间去演算，可以找一些这方面经典性的题目练习。对于难度大的题目，先独立思考，再求助老师、同学或家长。对于不感兴趣难度又比较大的内容，自己首先制订好计划，限定时间去学习，就不会松懈拖沓。如果攻克一个难题，就给自己一个奖赏，让成就感来激励自己，从而集中注意力。

第四顶学习帽：

问题学习法——
用输出倒逼输入

学习就要"刨根"加"问底"

爱因斯坦曾说:"提出一个问题往往比解决一个问题更重要,因为解决问题也许仅是一个数学上或实验上的技能而已,而提出新的问题,却需要有创造性的想象力,标志着科学的真正进步。"

伽利略是意大利伟大的物理学家、天文学家,他在力学上的贡献是建立了自由落体定律,发现了物体的惯性定律、摆振动的等时性、抛物运动规律,确定了伽利略原理,这一切的成就与他的好问是分不开的。他在比萨大学读书期间,就非常好奇,经常提出一些问题,比如"行星为什么不沿着直线前进"一类的问题。有的老师嫌他问题太多了,可他从不在乎,该问还问。有一次,伽利略得知数学家利奇来比萨游历,就准备了许多问题去请教利奇。这一次可好了,老师诲人不倦,学生就没完没了地问。伽利略很快就学会了关于平面几何、立体几何等方面的知识,并且深入地掌握了阿基米德的关于杠杆、浮体比重等理论。

物理学家、诺贝尔奖获得者李政道先生说得好:"打开一切科学的钥匙毫无疑问是问号。"

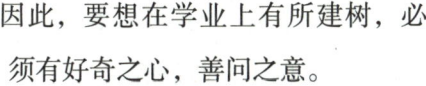

因此，要想在学业上有所建树，必须有好奇之心，善问之意。

学生年龄小，知识有限，面对大千世界，一定会产生强烈的好奇心和求知欲。学起源于问，学总是和问紧紧相连。要学会做学问，就是首先学会问，俗语说得好，"不学不成，不问不知"。可是，在某小学的一项调查显示：80%的学生在课堂上不提问或偶尔提问，只有20%的学生经常提问，近半成学生不喜欢提问。至于不喜欢提问的原因，55%的学生是怕难为情不敢提问，45%的学生觉得没有问题可问，有85%的学生觉得自己提出的问题质量不高，不高兴为问而问。

不敢提问主要是对学习上的问题有一种畏惧心理，害怕自己的不懂会招来老师、同学的耻笑。这种畏惧心理是一种不良的情绪表现，长期下去，对学生的心理健康很不利，也会导致学习成绩下降。

学生上学读书，除了要学会别人提的问题，还要学会自己提问题。因为学习本身就是一个从无疑到有疑，再到无疑，不断循环往复的矛盾运动过程。知识浩如烟海，学习没有止境。要想真正学到知识，除刻苦之外还应培养自己"每事必问"的精神。

那么，怎样才能学会提问呢？

1. 自我暗示，增强信心

五年级的小芳很胆小，平时不爱说话，家里来了客人就躲回自己的小屋，上课时更是几乎不发言。老师点名叫她回答问题，她要么支支吾吾，要么声音小得连自己都听不清。她不敢回答问题，更不敢向老师提出问题。

最近，小芳特别烦，因为老师每一节课都要求学生讨论并且提问。每一次小组里其他人都发言了，每次同学们举手提问，她也想问，可又确实不知道怎样问。有一次，小芳问老师："惭愧是什么意思？"同学们都笑她，这样一来，本来胆小的小芳更不敢提问了。

相信许多不爱提问的同学也有和小芳一样的烦恼，不是不想问，是不敢问。解决这个问题并不难，关键是自己要有勇气有自信面对困难。以前不爱提问的小兰说："我以前上课时也不敢发言，一听老师叫我的名字就紧张，现在可没有这个问题了。我的窍门是，不管是回答问题还是提出问题，都要暗暗地给自己鼓劲儿：'我能行'，'再努一把力就会做好的'，'我不会被困难吓倒'……自己给自己壮胆，久而久之，就敢说敢问了。"你还可以在铅笔盒里放一些提示性的小纸条，如："今天你提问了吗？""我爱读书，我会思考，我敢提问。""大胆提问我最棒！"让自己时刻感受到敢于提问是光荣、自豪的事情，没有什么值得害羞的，相反，不敢提问题才会被人笑话的。

2. 学会提问，要学会观察和思考

"学海无涯苦作舟"，怎一个"苦"字了得！有句话说得好："物理难，化学烦，数学作业做不完。"对曰："语文背，历史累，政治课上一起睡"。挑灯夜战，直到桌上放咖啡，窗外晨光熹微，而成绩却不见起色。这样的同学付出的确实多得多，然而回报与付出却似乎不成正比。

这要看你怎么看待学习，要是把学习看作一件苦差事，只能越学越苦。学习是其乐无穷的，在学习中，每当我们遇到一个问题，应该尽力地去思考，把它和学过的知识联系起来。

如果有些地方仍然无法解释，就要查资料，问老师、同学。有的问题甚至要涉及多个学科的知识，而在此过程中，又会发现新的问题，引导我们更深入地探索。到最后融会贯通的时候，那些原本烦琐的习题就会迎刃而解。课上精妙绝伦的发言，课下激烈的讨论，你会惊奇地发现，学习原来是件轻松、快乐的事情。

优等生小军说：关于提问，我的体会是要做好准备，善于提问。具体地说，就是先思考，后提问；先观察，后提问；先试验，后提问；先阅读，后提问等。比如在预习时，我就是一边阅读一边思考，把发现的问题先写在练习本上，等到上课的时候提出来问老师。

看来，学会观察和思考，才能善于发现问题，提出问题。如学了"表内乘法和表内除法"后，我们可以观察"乘法口诀表"，

通过思考和发现问题,向其他同学提问:竖着看,每一排什么数不变,什么数变了,怎么变化?或者提出:横着看,每一行什么数不变,什么数变了,怎么变化?还可以提出:哪些口诀只可用来计算一道乘法算式和一道除法算式?为什么口诀表竖着看,从左往右每一竖排口诀越来越少?横着看,从上到下,每一横行口诀越来越多?通过这样的观察和思考,我们的问题意识就会越来越强了,提问题也能放得开了,思维的灵活性和深刻性也提高了。

多问几个为什么,就多几分把握

美籍华人李政道教授一次在同中国科学技术大学少年班学生座谈时指出:"为什么在理论物理领域做出贡献的大都是年轻人呢?就是因为他们敢于怀疑,敢问。"他还强调说:"一定要从小就培养学生的好奇心,要敢于提出问题。"

爱因斯坦说:"提出一个问题比解决一个问题更重要。"能否提出独特的问题对一个人的创造能力是非常重要的。一个人善于动脑和思考，就会不断发现问题。学会提问更是学习积极主动的表现，有疑而问，由问而思，有利于培养创新精神和创造能力；相反，如果提不出问题，说明你的学习过程还不够深入，对自身能力的培养还不到位。

古人云："学贵有疑""学则须疑"。提问是获取知识的重要途径，要学会提问，就需经历一个从敢问到善问的过程。我们应多参与社会实践活动，丰富自己的知识，与他人多交流、相处，提高自己的胆量，敢于在众人面前表现自己。

养成善于自我提问的习惯，能提出有价值的问题，是用心思考的结果，是解决问题的前提。从某种意义上说，学习的过程是一个不断提出问题、不断解决问题的过程。养成"非思不问"的习惯，在深入思考的基础上提出问题，这样的问题才会是高质量的。而在你多提问的过程中，你也就多了几分把握，多了几成成功。

思考孕育力量

提起思考，有人总是说："思考？那是科学家、发明家和伟人的专利，我们可没有机会。"甚至有人说："现在工作太忙，我哪有多余的时间和精力去思考。"

事实真的如此吗？当然不是。思考并不是科学家、发明家和伟人的专利,像你我这样的普通人同样有思考的权利,因为脑子是自己的,思考之权应该掌握在自己手里。毕竟,我们的一切活动,包括人际交往、对目标追求的手段和方式以及对更高层次生活的向往,等等,都是由思考决定的。

所以,从成功这个意义上说,人的成就首先是"想"出来的,是在正确思考后,采取行动做出来的。

思考是大脑的活动,人的一切行为都受它的指导和支配。思考虽然看不见、摸不到,但它真实地存在着。有什么样的思考方式,就会有什么样的命运。

如果你的思考和自信、成功、乐观联系在一起,那么你会有一个圆满的人生;如果你总是感到自卑、失败、忧愁,总是小心翼翼、蹑手蹑脚,那么你的命运可能也不会好到哪里去。

成功人士为什么会成功?说到底是因为他们具有独特的思考技巧,是思考决定了他们的成功。

推翻权威,走出思维定式

世上最可悲的人,是处处都依赖别人的人。成功人士都知道,做每一件事都要学会有主见,有自己独立的人格,靠天靠地不如靠自己。如果不打开自己的心,走出思维定式,就不会成为一个明白的人。所以,只有推翻权威,不依赖经验,成功的机会才会更多。

有人群的地方总会有权威，人们对权威普遍怀有尊崇之情，本来无可厚非，然而如果对权威的尊崇到了盲从的程度，就会成为一种思维的枷锁。

打破权威枷锁，先要了解它是如何戴上的。

人们从很小的时候就已亲身体验到：服从权威能够从中得到好处，抗拒权威就要吃苦头，就像下面这个例子。

一位老师上课时告诉学生们，硫酸是有腐蚀性的，它能够除掉铁锈，恢复铁器光亮的表面。但是，如果不小心把硫酸滴到衣服上，就会烧出一个洞。

一个小朋友听了老师的话，用硫酸擦了一只生锈的铁锅，果然擦得锃亮，得到妈妈的夸奖，于是他说："老师真是了不起，听他的话，我尝到了甜头！"

另一位小朋友也听了老师的话，故意把硫酸滴到自己的衣服上，结果衣服上烧了一个洞，挨了老爸一顿训。于是她想："老师真是了不起，不听他的话，我吃了苦头！"

于是，一个权威枷锁就这样戴上了。

第二个权威枷锁是由于自身对某方面知识的缺陷所形成的。一个人一生中通常只能在一个或少数几个专业领域内拥有精深的知识，在专业领域之外，为了弥补自己的无知，以应不时之需，只好求助于各领域的专家。在大多数情况下，人们按照专家的意见办事，总能得到预想的成功；如果不慎违反了专家的意见，总会招致或大或小的失败。久而久之，第二个权威枷锁也戴上了。

不敢突破权威的束缚，也就丧失了创新思考的能力。敢于推翻权威，本身就是一种胆识、一种创新。

亚里士多德认为自由下落的物体重量越大，下落速度越快，重量越轻则下落速度越慢，伽利略对这位权威的理论提出质疑，他设计了一个巧妙的实验，便把流传1000多年的权威理论推翻了。

尊重权威这很正常，假如一味地跟随权威，就不正常了。所有的事都由权威决定了，自己的脑袋还能干什么？

如果你有迷信权威的习惯，奉劝你把它从你的思想中拉出去，省得它占据你的思想。

习以为常、耳熟能详、理所当然的事物充斥着我们的生活，使我们逐渐失去了对事物的热情和新鲜感。经验成了我们判断事物的唯一标准，存在的当然变成合理的。随着知识的积累、经验的丰富，我们变得越来越循规蹈矩，越来越老成持重，于是创造力丧失了！想象力萎缩了！思维定式已经成为人类超越自我的一大障碍。

所以，推翻权威理论，走出思维定式，换一个角度来思考，往往会柳暗花明，给我们带来惊喜。

由此可见，权威理论也只是在一定时期一定场合才适合，它不是万能的，只有敢于打破常规，才能发现新的契机，而这个契机正好可以成就你。

所以，遇事要多问几个"为什么"，多提几个"怎么办"，从事实出发，从需要出发，去思考问题，探索问题，寻找新的方法、新的答案、新的结论。

第五顶学习帽：
趣味学习法——
在快乐中学习

让学习变成一件快乐的事情

兴趣和爱好是一个人学习的强大动力。它可以让学习变成一件快乐的事情。有了兴趣、爱好，人们就会自觉地从事或追求这种爱好的事情。兴趣、爱好是一种动力，它使人勤奋，使人坚持不懈地干下去。兴趣、爱好还会给人愉快感。人们在从事自己所喜爱的事情时，总是感到有一种莫名的兴奋感和满足感。事实上，很多人的成功都是源于幼时的兴趣和爱好。

英国著名的生物学家达尔文就是一个很好的例子。

达尔文小时候就对周围环境非常感兴趣，特别喜欢钻研问题。

一天，小达尔文跟着父亲到花园里散步，花坛里盛开着五颜六色的花，美丽极了。他见其他花有好多种颜色，而报春花只有黄色和白色两种，就对父亲说："爸爸，要是报春花也有很多种颜色，那该多好呀！"

父亲笑着说："你这个小幻想家，好好努力，我相信你一定能想出好办法。"过了几天，小达尔文对父亲说："我已经想出了一个非常好的办法，我要变一朵红色的报春花送给你。"

父亲随口应道："好好好，我的小宝贝，你去变吧，变出来的话，它将是我们英国第一朵红色的报春花。"

又过了几天,小达尔文大声喊着跑到爸爸面前,把手伸到爸爸跟前说:"爸爸,你快看呀!"

父亲一看,捧在儿子手里的果然是一朵火红色的报春花,美丽极了。

"小宝贝,你是怎么变出来的?"爸爸惊奇地问。

"研究出来的呗。"小达尔文骄傲地说,"你曾经说过,花每时每刻都在用根吸水,并且把水传到花朵的各个地方去,于是我就想让报春花喝些红色的水,传到白色的花朵上,那么花不就会透出红颜色来了吗?昨天,我折了一朵白色的报春花,把它插到红墨水里,今天它就变成红色的了!"父亲把儿子抱了起来,亲了又亲。

由于达尔文对大自然有浓厚的兴趣,经过孜孜不倦的探索,他后来成了伟大的生物学家。

兴趣是一个人汲取知识的动力,它可以让学习变成一件快乐的事情。

中国最大的教育软件公司科利华公司的副总裁陈健翔博士曾提出过"享受学习"的理念——把学习当成一种享受,这就是学习的最高境界!

那些学习优异的学生,大多是享受到了学习的乐趣,大多都把学习当成一种享受;那些科学家、思想家也都具有把学习、劳动、科研当成享受的品质……

学习是"苦"还是"乐",其实关键在于你对学习的态度,如果你找到了学习的兴趣所在,如果你认识到了学习的重要性,如果你找准了适合自己的学习方法,并在学习中不断获得成功,那么,学习就会变成一种享受、一种乐趣,你也就会拥有更多的阳光、更多的兴奋!

那么,怎么才能让学习变成一件快乐的事情呢?

首先,要明确学习的目的。

少数人学习的出发点不是为了获取知识,不是为了获得精神上的享受,而是为了在未来获得更多的物质享受,他们虽然是以一种主动的心态去学习,但却是在被动地获取和接收知识。所以,他们无法真正地享受学习,不能享受学习为他们带来的可持续的快乐。

而与此恰恰相反的是，我们现在能看到的那些动人心弦的、流传千古的古代优秀诗文，却正是那些饱经沧桑、物质贫困的人为我们留下的，陶渊明、杜甫、白居易、苏轼、蒲松龄无不如此，他们的"腹有诗书气自华"满足了他们的精神追求，使他们真正做到了快乐学习。

把学习当作日常的生活方式和正常的生命状态，把学习看作生存的需要和发展的前提，这是富有时代特点的学习……

如果你能够深刻地理解到学习的目的，那么，学习的快乐也就会喷薄而出。

其次，必须理解学习的作用。

人天生存在着发展的需求，在认知方面就是求知欲，而求知欲的满足是相当快乐的事情。学习就是我们获取知识的过程，是我们由无知到有知的过程。通过学习，我们的思想得以丰富，我们的智慧得以增长，我们的素质得以提高。

只有学习，我们才能更好地继承前人优秀的经验；只有学习，我们才能使自己更快地成长；只有学习，我们才能知道什么是过去、现在和将来；只有学习，我们才能得到新的启发，进一步开发自己的潜能，造福人类……

学习并没有我们想象的那样枯燥乏味，其中也蕴藏着五彩缤纷的世界。我们不应把学习看成是一种负担，反而应该把它看成是自己生活中不可或缺的一部分。

最后，必须掌握学习的方法。

可以想象，当一个人的学习效率比以前提升 3～10 倍以上时，他会有什么感觉？兴奋、自信、快乐、对前途充满信心和期待，踌躇满志地要实现自己的种种梦想，等待着考试，等待着他人的赞扬，想着要重新站到领奖台上！这就是学习的快乐！

对于青少年来说，最好的兴趣爱好当然是求知欲。那些精力充沛、智力发达的人们在完成日常工作之余，可以从事自己爱好的事业。有的人钻研科学，有的人钻研艺术，有的人从事文学创作，有这种高雅的业余爱好的人是真正高尚和幸福的人。哲人们大都爱好广泛，多才多艺，从文学到数学，从历史到社会科学，他们都广泛涉猎，甚至有自己独到的研究。当然，任何事物都要讲究一个度，对知识的追求和爱好这一嗜好也不能任其自由发展，如果纵之过度，就会使人精疲力竭、精神萎靡不振，连自己的分内之事都干不好，这就是本末倒置了。

终身学习，成为迎接新世纪挑战的高能武器，越来越受到全世界的高度重视。而它也理所当然地成为知识经济时代的生存方式。

把学校当成游乐场

《知心姐姐》杂志曾做过一次有关中小学生苦恼因素的调查，结果发现：在造成中小学生苦恼的 6 大因素中，学习和考试占了 72.26%。

河南一家心理咨询机构对 6 所中小学的近万名学生进行了一次心理测试，结果竟然发现：有 50% 的初中生和近 70% 的小学生对学习没有兴趣，甚至"厌学"。

厌学的表现有多种，有些不愿意上学的同学，喜欢把自己关在家里，到了学校就犯困，总想打瞌睡；有的同学还伴有神经性反应，一迈进学校大门，就会出现拉肚子、低烧、头晕、胸闷等症状。可是，只要一放学，或者放假，就会马上活蹦乱跳起来。医生把这种现象称作"厌学综合征"。要知道，厌学不仅会发生在学习跟不上的孩子身上，有许多学习不错的孩子也会厌学。

为什么会出现厌学心理？这要从人的一个基本特点说起，大多数人都有追求快乐，逃离痛苦的特点。如果在学习中体会的是成就感、愉悦感，那么比较容易喜欢学习。反之，如果在学习中体验到的是痛苦的感觉，就非常容易产生厌学的感觉。即：痛苦带来厌学，厌学带来苦闷。因此，要想解决他的苦闷，需要把痛苦学习变成快乐学习。

讨厌上学的人，学习肯定好不了。连学校都不喜欢，怎么会有兴趣好好学习？会享受校园生活，才能提高学习成绩，要想发现校园生活中的种种乐趣，必须先摆正自己的心态。

其实，你完全可以把学校当成游乐场。学校就可以成为每天早晨你睁开双眼后，第一向往的地方！就算现在还没有这种感觉，也要不断地暗示自己，学校是个让人快乐的地方。可能有人会想，

如果根本不喜欢上学,又怎么能让自己产生这种想法呢?但是,任何事情,都会随着想法的变化而改变。

首先,从校园里发生的那些又有趣、又让人高兴的事情想起。在学校里和朋友见面,上喜欢的课,在体育课上大家一起做游戏……想想这些事情,难道校园生活不令人高兴吗?

静下心来想一想,你一定会想到更多有意思的事情。如果你心目中的学校是这样的,那么,你每天上学的脚步就会变得更加轻松,你会期待着快点到学校。

从现在开始,开始改变以前的想法,或许从明天开始,一睁开眼睛,你就会愉快地为上学做准备了。因为只有把学校当成游乐场,每一门学科才会成为一个大型的玩具,每一项枯燥的内容,才只是游戏的规则而已。

把学校当成游乐场,这时,你才会找到属于学习的亮点!

玩＝学习

在游戏当中自然而然学会的东西，如果是真正有兴趣的，不用任何人强迫，我们都能学会。

因为只有在我们不觉得苦的时候，我们才会乐在其中，才能将学习搞好。如果我们把学习当成游戏，尽情地玩在其中，回报我们的将是意想不到的成果。

寓学习于游戏之中，对于我们扩大知识面，陶冶性格，促进德、智、体、美各方面的发展，尤其是对于智力的开发，具有不可估量的作用。

如果仅仅把学习理解为向孩子灌输大人们认为重要的知识，那就未免太狭隘了。其实，对于小孩子来说，学习的内容极其广泛，不仅要学习文化知识，而且还要学会怎样学习。在游戏中学习比单纯的学习效果更好。再者，爱玩是孩子们的天性，玩的过程也是智力开发的过程。

小明就是一个善于把学习与游戏结合起来的学生，他说，做题跟玩游戏有很多相似的地方，都是要求尽量得高分，获得足够的经验值开心过关。所以，他经常会找来一本英语习题集，每10道题分为一组，开始自己的挑战练习。只要有一组题可以全部答对，他就奖励自己稍微休息一会儿，或去吃一个水果……如果你不要赖皮，选择的难度不是很低，那么，要想取得成功确实还不太容易呢！但是，一旦你取得了成功，就会感到特别兴奋,同时也会觉得自己的这个小小休息是那么的心安理得。

丁丁小时候迷上了识字,把识字当成最快乐的游戏时父母给他讲字的形状特点,让他猜字谜,讲字的形体故事,有时将图片和汉字设计成游戏让他做,偶尔也让他用粉笔在地上写。3岁时他就能识近800字,大多数的字都是在游戏和看《娃娃画报》《幼儿智力世界》等杂志时学会的,几乎没有几个字是硬教的。

三四岁的时候,丁丁母亲又给他购置了各种儿童钳工工具和各种材料,指导他玩各种汽车模型,锻炼他的灵活性和设计能力。母亲还购置了一套"小护士"用品和器械,让他学如何做"护士",有时母亲也参与到游戏中做"大夫"或"病人",让他"听诊""号脉""打针",看他认真的样子,母亲十分高兴。丁丁十分细心,学习态度十分严谨,考试时会做的题几乎不丢分,这和从小受到的训练不无关系。

不要把"学"简单地理解为玩,也不能把"玩"只当成玩,而应当把它看成是有益于身心健康的活动。例如捉迷藏,起初孩子会因为找不到父母或小朋友而大哭大喊;也可能藏得破绽百出,顾头不顾尾,只要背过去看不见别人,就以为别人看不见自己了;有时你问他藏好了吗?他竟回答藏好了,把目标提前暴露出来,让人忍俊不禁。不过,慢慢地就会捉迷藏了,在脑海里能够描绘出一幅图画,他知道父母或小朋友会藏在什么地方,自己隐藏时也更为隐蔽。这项活动不仅能够促进智力发展,而且能够使他们学会怎样和小朋友相处。

通过各种游戏，不仅能获取各种知识，锻炼自己的各种能力，同时，由于身体的活动，动作会变得更灵活，反应也更敏捷，肌肉会逐渐发达，骨骼也会变得结实起来。对小朋友来说，玩就是学习，不会玩耍的孩子也就不会学习。

一切皆有趣味

让我们看看一个普通人成才的故事：

北京有一个青年服务员，17岁时，由于家庭经济困难，不得不离开学校，走上工作岗位。十几年来，他在饭馆当过学徒，在旅馆当过服务员，始终没有离开过服务行业。当时许多人都看不起服务行业，他却非常热爱服务业，对于工作中不懂的东西常常刨根问底。有一次，他发现同一道菜，一位大师傅的做法同另一位大师傅的做法就不一样。比如"芙蓉鸭片"，一位大师傅告诉他先蒸，另一位大师傅告诉他先过油。他想：谁对呢？于是到书中去查找，终于在元代《饮膳正要》中找到答案。"芙蓉鸭片"开始是以清蒸流传于世的，以后慢慢变出过油法来。他涌出这样的念头：我国的烹饪技术有上千年的历史，有着千千万万种菜肴、食品，它们的起源如何？怎样发展的？各有什么特色？倘若把这些整理编撰，公之于众，对于饮食业提高服务质量该有怎样的意义啊！

这个仅仅初中毕业的年轻人，经过多年的努力，写出了《旅店知识》一书，这本书是新中国成立后出版的第一本有关旅馆业知识的著作。这本书的问世，引起了全国旅馆业同行的强烈反应，称之为服务行业的一大创举。

由此可以看出，只要深入地了解，一切皆有趣味，生活中的各项领域皆如此。我们的学习也是如此，任何一门学科的设置总有理由，而且我们的教科书都是好多好多的专家、大学问家共同编写的，蕴含了丰富的内容和精妙的思维方法。

作业多，考试多，学习真的好累、好烦！许多学生总会抱怨学习的苦累，那是因为没有掌握好的学习方法、思维的技巧。学习的乐趣就在于此，理解了这些，你就不会感到学习的苦累了。

若能从学习中寻找乐趣，那你便是快乐的人。请看一个以学习为乐趣的学生的感受，相信对你会有启发的："刚刚上学的时候，那些奇妙的数字'1、2、3、4'对我们这些无知、天真的小孩有着多么大的诱惑力呀！记得小学一年级的时候，我拿着那些泛着油墨清香的新书对妈妈说：'妈妈，这些是什么玩意呀？'妈妈抚着我的头说：'这是书，你要学好了它，就会从中得到很多的知识。'于是我就努力去学习。每次考试以后，我拿着写着鲜红的100分的试卷去见妈妈时，我的心里好比三伏天吃了冰棒，甜到心底。有一次，听大人们在外面讲：'现在就要靠肚子里墨水多……'我马上跑到书房，拿起一瓶墨水就要喝下去。妈妈跑了进来,直跺脚说:'哎呀!你这个傻孩子,这怎么能喝呀?'我撅起嘴说:'你们不是说肚里墨水多就学问多吗?'妈妈'扑哧'一声笑了起来,说:'那是比喻吗,你要想得到学问就要学习,知道吗?'我点了点头。上中学后,学习任务艰巨了,题目也变难了,但乐趣却有增无减,特别是证明几何题,非常有趣。有时我为了证明一道题,不去吃饭。因为书是'面包',嚼起来津津有味。当我在草稿纸上算了一遍又一遍,最后做出来,如释重负地站起来伸伸腰,用手背擦擦额头上的汗珠,这时,就会感到学习的乐趣。"

"知之者不如好之者,好之者不如乐之者",只有以学习为乐的人,才能真正学习好。一些同学对学习没有兴趣,只要加以合理的引导,就可以培养良好的学习兴趣。

那么，怎样才能培养学习兴趣呢？

1. 认识学科本身的意义

这一点在心理学上称为"目标动机理论"，也就是要明白学习这门学科最终有什么意义。比如说有的同学在学习数学时，认识不到学习数学的意义，就简单地认为，学习数学就是为了计算，那么高中阶段的代数、几何对我们又有什么意义呢？要能够认识到数学在自然科学中的重要地位，如果学不好数学，将来学习物理、化学、计算机等都是不可能的。这样，你就会重新看待学习数学的重要性了，进而也就能培养对这门学科的兴趣。

2. 自我寻找学习的乐趣

这个方法是苏联西·索洛维契克倡导的，其基本点是：一个人要在心理上有所准备，坚信学习是件有趣的事。具体的训练办法是：①在学习前激励自己，自言自语，连说几遍"我喜爱学习××学科，××学科奇妙无比"等话语。②在学习中比平时更细心，花更多的时间。平时不轻易放过自己的粗心失误，尽可能使自己获得成功的愉悦。③在不想学习时，回忆自己学习上的优点，例如"我的解题思路是正确的""我的运算速度是快的""我的记忆力是好的""我的文笔是优美的"等，淡忘自己的缺点，增强自信心。如果能坚持这样的训练，会使你逐步感到学习中的趣味。

3. 培养好奇心

"山重水复疑无路，柳暗花明又一村。"学习兴趣就是在不断的探究之中变得越来越深刻。因此，平时要留心观察事物，多给自己提一些"为什么"，并且经常与同学、老师一起讨论研究学习中的问题，感受知识的魅力。牛顿发现万有引力，瓦特发明蒸汽机，都是来源于日常生活中常见的现象加上问号，然后去钻研，并从中悟出道理来。学业上的长进往往是循着"好奇—有疑—思考—释疑—有得—产生兴趣"的轨迹发展的。

4. 要真正地进入到学习中去

有的同学学习很浮躁，对学科知识知之皮毛，感觉到学习这些知识很没意思。其实任何学科都有它自己的逻辑结构，如果你真正地去思考了，就会感到它的乐趣。比如有的同学学习化学，如果没有深入进去，每天只是机械地背一些反应公式，就肯定觉得学习是枯燥的；相反，如果去认真思考了，掌握了每个反应公式的内在规律，并且能和现实中的一些现象联系起来，这时你就会感觉到化学这门学科的意义，其结果自然会对这门学科形成兴趣。

5. 学会兴趣的转移

学生往往是兴趣十分广泛，但由于自控力较差，不容易把握自己兴趣的发展方向，容易"入迷"。例如"追星族""足球迷"等，由此影响到正常的学习生活，影响学业的提高。兴趣广泛不是坏事，学校还要开辟第二课堂来发展学生广泛的兴趣爱好，但每个学生在广泛兴趣基础上必须突出自己的中心兴趣，即学习各门学科知识。要把握好一定的"度"，注意控制自己，随时把不利于中心兴趣的其他方面过度的兴趣转移到学习上来。

6. 学习是个循序渐进的过程

对学习既要知难而进，又要做到从易到难。在学习中遇到困难是很正常的现象，有的同学喜欢向困难挑战，在战胜困难时感到其乐无穷，这样也容易形成自己的学习兴趣。有的同学不喜欢困难重重的感觉，这样的话，在学习中可以选择从易到难的方法，不要急于求成，这样在每前进一步中都会有一种成就感，同样可以培养学习的兴趣。

记忆，可以很轻松

良好的记忆能力，从学习过程来看，就意味着我们的成功。记忆，是过去经历过的事物在我们头脑中的反映。这种过去的经历，既可以是我们感知过的事物、思考过的问题、体验过的情绪，也可以是我们采取过的具体行动。

记忆是一种心理过程。记忆实质上就是先"记"后"忆"的过程，它包括识记、保持、回忆或再认三个基本的环节。如果把人脑看作是一台高效能的大型电子计算机组的话，人的记忆也可以说是一个信息输入、编码、储存和提取的过程。

根据记忆持续时间的长短和工作方式，可以把记忆分为三种：

1. 瞬时记忆

也叫感觉储存，即当刺激停止后，信息在感觉中的保持最多不超过 2 秒钟的记忆。例如电影中的动作本来是间断的，却给人一种连续的感觉，这也是由于瞬时记忆的原因。前一个动作在我们头脑中还没有消失，后一个动作已经出现了，所以动作看上去是连续的。瞬时记忆的内容，如果没有加以注意很快就会消失，如果受到注意，就转入短时记忆。

2. 短时记忆

不超过 1 分钟的记忆，叫短时记忆。例如记电话时从号码簿上查到电话号码，电话还没通完，号码也就已经记不起来了。短时记忆所能记住的内容（或称短时记忆的容量）为 7 ± 2。这就是说，短时记忆的容量有时为 5，最多不超过 9，大都在 7 左右。这些数字不是简单的数学数字，而是指信息"组块"或单元。如 906547682315 这几个数字，读完后如果立即回忆，那必定难以进行，因为它超过了短时记忆的容量。但如果我们把它断开来读 9065—4768—2315，回忆起来就比较容易，因为它包括了三个信息"组块"。这对我们阅读和学习英语听力都很有启示，在阅读或听外语时，如果能以语意群为信息单位，就可提高我们读和听的速度和记忆效果，便于对内容的理解。短时记忆都是可以意识到的，当短时记忆的内容得到复述，就转入长时记忆。

3. 长时记忆

信息保持超过 1 分钟，直至几年甚至更长时间的记忆，就是长时记忆。

长时记忆中的内容，我们并不是时时刻刻都能够意识到的，只有当这些内容从长时记忆中变到短时记忆时，才能被意识到，或者说回忆起来。我们对过去事物的回忆，都是以短时记忆的形式出现的。长时记忆的容量，如果有足够的复习，从理论上讲，是没有界限的。另外，长时记忆的内容，有时可能受到干扰，想不起来，但以后还能恢复。如我们一时想不起来过去曾见过的某个公式或单词，过一段时间，又能想起来。而短时记忆中的信息一旦受到干扰，也就消失了。

记忆方法很多，但因人而异，有的擅长看（视觉型），有的人擅长听（听觉型），有的人擅长用嘴和手（运动型）等。比较常见的是混合型的记忆方法，而这种方法的记忆效果最佳。

有位实验者曾经用这三种方法让三组来自不同家庭的孩子记住10张画的内容。对第一组孩子，他只告诉他们画上画了些什么，并不给看画。对第二组孩子正好相反，只给他们看画，可是不再给他们讲每张画画了些什么。对第三组孩子是又让听又让看，实验者不但给他们讲画的内容，同时给他们看那些画。过了一段时间，实验者分别问这三组孩子记住了多少画的内容。结果第一组记住的最少，只有60%；第二组稍多，记住了70%；第三组记住的最多，达到86%。

这说明只听不看的孩子记得最少，只看不听的孩子记得稍多一点，又听又看的孩子记得最多。这还仅仅是两种感觉器官并用，记忆效果就比只用其中一种好得多。因此，如果把所有感觉器官

一齐调动起来，记忆效果会更好。

要想成功地提高记忆能力，关键在于要加强记忆方法的训练：

1. 确定要记忆的目标与对象

人不管做什么事，都要有目标。这个目标，诱惑着人，引导着人，使人步入更高的境界。同样，我们也要清醒地意识到，自己的学习总是有一定的目标的，这是成功地改进记忆效能的一个前提和基础。

那么，如何确立记忆的近期目标呢？关键是要学会安排记忆进程，把长远目标划分成若干不同的近期目标，一个一个地实现，一个一个地跨越。每当达到了一个近期目标，就能增强信心，改进记忆效能，提高记忆速度。当达到了所有的近期目标后，处心积虑所要追求的长远目标也就胜利在望了。而对长远目标的靠近，无疑会更强有力地刺激记忆效能，从而更有效地提高记忆能力。

例如，要学习英语，倘若笼统地确立一个目标，将来出国深造——他会感到前途渺茫；如果确定不同的近期目标，先完成容易的部分，如每天学习10个名词，进而掌握动词、形容词、副词等，他就会感到信心十足，感到学习语言不再是枯燥乏味的工作。每一次克服了困难，每一次获得了成功，自信心便会随之增长，而自信心同时又鼓舞他去争取更大的成功。

各种各样的学习和记忆活动，都可以运用这种方法，化整为零，使长远目标分解成若干不同的近期目标，由易而难，由浅入深，不断地刺激学习兴趣，增强记忆力。在学习过程中，小学生给自己提出一个记忆目标，充分利用有意识的记忆，可以使记忆效果大大提高。

2. 理解记忆法

在积极思考、达到深刻理解的基础上记忆材料的方法，叫作理解记忆法。理解记忆的基本条件是对材料进行思维加工。有些材料，如科学概念、范畴、定理、法则和规律、历史事件、文艺作品等，都是有意义的。记忆这类材料时，一般都不采取逐字逐句强记硬背的方式，而是首先理解其基本含义，即借助已有的知识经验，通过思维进行分析综合，把握材料各部分的特点和内在的逻辑联系，使之纳入已有的知识结构，以便保持在记忆中。

外国心理学家在做记忆的实验中发现：为了记住12个无意义音节，平均需要重复25次；为了记住36个无意义音节，需重复54次；而记忆6首诗中的480个音节，平均只需要重复8次。这个实验告诉我们：凡是理解了的知识，就能记得迅速、全面而牢固。不然，愣是死记硬背，那真是费力不讨好。

理解记忆的全面性、牢固性、精确性及迅速有效性，依赖于对材料理解的程度。理解记忆的效果优于机械记忆。

理解记忆是以理解材料内容为前提的。这种理解不仅指看懂了材料，而且包括搞懂了材料各部分之间的逻辑联系，以及该材料和以前的知识经验之间的关系。因此，在记忆材料的时候，我们要尽可能向孩子说明"先理解、后记忆"的要求，而不要从一开始就逐字逐句地死记。

3. 形象记忆法

以感知过的事物的具体形象为内容的记忆，称为形象记忆。这些具体形象可以是视觉形象，也可以是听觉的、触觉的或味觉的形象。

比如说当我们回忆起一部动人的电影时，不仅一幅幅动人的画面会浮现于我们眼前，电影中的音乐也会在我们耳边回荡。这种反映在头脑中的过去经历的事物形象，叫作记忆表象，它为我们的想象提供了素材。

根据心理学家的统计和研究，小学生擅长于具体形象的记忆。

有一个记忆神童小晨说：他很快就记住了他的一个朋友的电话号码：33329916。问他是怎样记的，他回答说，这组号码表面看毫无意义，但把它们分解成几个部分，并与自己所熟知的字挂钩起来，就容易记住了。比如这组数字，3332是他所居住区域的邮政编码，99又恰恰是他所居住公寓号，他住在16号房间。几组数字一连起来正好是33329916。

让我们来做个小游戏，请在一分钟内记住下列东西：

风筝、铅笔、汽车、电饭锅、蜡烛、果酱。

对这六样东西，你记住了几项呢？其实你可以轻而易举地记得六样，只要靠着你的想象力。

你要想象，你放着风筝，风筝在天上飞，这是一个什么样的风筝呢？是一个白色的风筝。忽然有一支铅笔，被丢了上去，把风筝刺了个大洞，于是风筝掉了下来。而铅笔也掉了下来，砸到了一台汽车，挡风玻璃也全破了。后来，汽车只好放到一个大电饭锅里去煮，当汽车放入电饭锅时，汽车融化了，变软了。后来，你拿着一个蜡烛，敲着电饭锅，当当当的声音，非常的大声，而蜡烛，被涂上了果酱。

现在回想一下：

风筝怎么了？ 被铅笔刺了个大洞。

铅笔怎么了？ 砸到了汽车。

汽车怎么了？ 被放到电饭锅里煮。

电饭锅怎么了？ 被蜡烛敲出了声音。

蜡烛怎么了？ 被涂上了果酱。

如果你再回想几次，就把这六项记起来了。

这个游戏说明：联结是形象记忆的关键。好的生动的联结要求将新信息放在旧信息上，创造另一个生动的影像，将新信息放在长期记忆中，以荒谬、无意义的方式用动作将两个影像联结。

好的联结在回想时速度快，也不易忘记；有声音的联结比没有声音好；有颜色的联结比没有颜色的好；有变形的联结比没有变形的好；动态的联结比静态的好。

想象是形象记忆法常用的方式，当一种事物和另一种事物相类似时，往往会从这一事物引起对另一事物的联想。把记忆的材料与自己体验过的事物联结起来，记忆效果就好。在外语单词里，有发音相似的，有意义相似的，这些都可以利用相似联想法来帮助记忆。像把"扬、肠、场、畅、汤"放在一起记，把"情、清、请、晴、睛"放在一起记。每组汉字的右边都是相同，每组字的汉语拼音也有共性，前一组的汉语拼音后面都是"ang"，后一组的汉语拼音都是qing，这样就可以学得快、记得住。

又比如，要记住我国的省级行政单位的轮廓及位置，确实很困难。如果能用形象记忆，会减少这方面的困难。仔细观察中国政区图不难发现各省市政区的轮廓与日常生活中的一些实物很相似。如：黑龙江省像只天鹅，内蒙古自治区像展翅飞翔的老鹰，吉林省大致呈三角形，辽宁省像个大逗号，山东省像攥起右手伸开拇指的拳头，山西省像平行四边形，福建省像相思鸟，安徽省像张兔子皮，海南省似菠萝，广东省似象头，广西壮族自治区似树叶，青海省像兔子，西藏自治区像登山鞋，新疆维吾尔自治区像朝西的牛头，甘肃像哑铃，陕西省像跪俑，云南省像开屏的孔雀，湖北省像警察的大盖帽，湖南省、江西省像一对亲密无间的伴侣……形象记忆不仅使呆板的政区轮廓图变得生动有趣，也提高了记忆的效果。

4.重点记忆法

也许你发现了，每当你记忆某一段材料时，记忆并不是按顺序进行的。往往是先记住了其中一段，也许是第一段，也许是中间的某一段，然后再记住更多的，直到全部记住为止。这是为什么呢？原因就是记忆有一个自动选择的机能，它往往根据自身的兴趣来选择要记忆的重点。

重点记忆法又叫选择记忆法，就是在记忆过程中对记忆材料加以选择和取舍，集中精力记牢重点部分的记忆方法。据说，苏联莫斯科大学有一位大学生，他在图书馆的石阶上走路时不小心摔了一跤，大脑受到撞击。从此，不可思议的事情产生了，他的记忆好得不能再好，什么东西都过目不忘，像《真理报》这样的大报，从头版到第八版，只要他阅读后，每篇文章都能倒背如流。但是，他的头却疼痛如裂，因为记得太多了，大脑得不到休息。因此，记忆应有选择，记忆那些最重要、最有意义、最有价值的材料。

据说古时候，有的人记忆力极好，甚至可以把文章倒背如流，过目成诵。可是郑板桥却看不起这种人，把他们叫作"没分晓的钝汉"。怎么个没分晓？就是不分主次、轻重，不管有用、无用，一股脑儿全都背下来。

在学习中，并不需要把全部内容都记住，事实上，这也是不可能的。当代语言学家吕叔湘说："我们各门学科都有一些基本的知识要记住，基本公式、规律要记住，这是不错的，但是，不是所有的七零八碎的烦琐的东西都要记住。书上都写着在那里，那时候你去查一查就行了。"是呀，如果你什么都去记，反而会记不住重点了。

正如英国小说家柯南道尔说："人的脑子本来像一间空空的阁楼，应该有选择地把家具装进去，只有傻瓜才会把他碰到的各种各样的破烂一股脑儿装进去。这样一来，那些对他有用的知识反而被挤了出去，或者，最多不过是和许多其他的东西掺杂在一起。

因此，到取用的时候也就感到困难了。"可见，学习需要抓住重点去记忆。

当然，抓住重点记忆并不是说不用记其他的内容，而是在抓住重点之后，再记其他内容就比较容易了。例如，秦末农民战争的原因可概括为"税重、役多、法酷"，这样，你就可以比较全面地记住了。

我们每天接触的信息太多了，这些信息并不是都需要记忆的。教材和笔记中很多详细的说明性文字、同一类型的很多道习题、非重点的内容、可以根据其他公式推导出来的那些较复杂难记的公式等，都可以忽略。这样，就可以拿出主要精力记忆那些对考

试来说最重要、最有意义、最有价值的材料。牵牛要牵牛鼻子，记忆要选择知识的"牛鼻子"。

因此要想考出好成绩，必须对所学知识充分消化理解，精选重点内容，把它们牢牢地记住。许多公式、定义、定理、定律是学科精髓和本质所在，要理解，也要牢记。它们往往是以一当十，有着举一反三的作用。有些人对一些解题过程和答案也要强行背下来，是完全没有必要的。考题是千变万化的，它要求你灵活地运用公式或定理，绝不会要你去死记。学习好的人，记忆力强的人，往往善于抓住重点，抓住精髓，善于组织材料。

一种很好的重点记忆法就是，先用笔或纸盖住你认为难以记忆材料的内容，那些被覆盖的部分自然无法看见，而再读这些材料时，可以想出被盖的部分是什么内容。实在不能记住，则挪开笔或纸，反复几次，便记住了。

5.多感觉记忆法

宋代学者朱熹认为读书要三到："谓心到、眼到、口到。心不在此，则眼看不仔细。心眼既不专一，却只漫浪诵读，绝不能记，记亦不能久也。三到之中，心到最急，心既到矣，眼、口岂不到乎？"现代科学研究表明：人从视觉获得的知识，能够记住25%，从听觉获得的知识能够记住15%，若把视觉与听觉结合起来，能够记住65%。多通道记忆法动员脑的各部位协同合作，来接收和处理信息。用这种方法来学习语文、外语等课程，其效果最为显著。

上课记笔记也具有多通道记忆的作用。记笔记并不是要把老师说的每句话都记下来。写字比听话慢，如果逐字逐句去记，不但记不住，而且还会影响听讲，达不到记笔记的目的。正确的做法是：以听懂为第一，边听边积极思考，总结出老师讲课内容的要点，记下几个关键的字或句子。

6. 类别记忆法

若将必须记忆的内容按一定要求进行分类，那么，记忆就要容易得多。实际上，分类过程是一个理解的过程，本身就已经具有记忆的功能。孩子一边在分类，一边在理解，一边就已经在记忆了。

如果要记忆下列10种物品：猫、帽子、狗、挂钟、桌子、衣柜、眼镜、鹦鹉、鞋子和戒指，让孩子使用反复背诵的强记方法也可以，但往往要花比较多的时间，并且过不了多久就会忘记。为了便于记忆，我们可以把上述的十种物品先加以分类，比如：猫、狗、鹦鹉是动物，帽子、眼镜、鞋子、戒指是穿戴在身上的东西，挂钟、桌子、衣柜则是家里的摆设，把这些物品一一加以分类之后，就容易记忆了。

再比如，考试前有10个外语单词要求尽快记忆，最好的办法就是采取分类记忆法，可先按词性分类。如英语动词observe, grasp, obtain, manage 等；名词 computer, blood, window, dictionary 等；副词 quickly, quietly, absolutely 等；形容词 excellent, lovely, beautiful 等。还可按使用范围进行记忆，如教

学类 school, classroom, desk, blackboard, teachers, students 等;动物类 sheep, cow, chicken, pig, bird 等;人体五官名称类 eye, nose, face, hand, foot, arm 等。

7. 音近记忆法

利用谐音来帮助记忆的一种方法。许多学习材料很难记忆,在它们之间不易找出有意义的联系,例如历史年代、统计数字等。如果对这些学习材料利用谐音加某种外部联系,这样就便于贮存,易于回忆。

据说,有位老师上山与山顶寺庙里的和尚对饮,临走时,布置学生背圆周率,要求他们背到小数点后 22 位:3.1415926535897932384626。大多数同学背不出来,十分苦恼。有一个学生把老师上山喝酒的事结合圆周率数字的谐音编了一句顺口溜:"山巅一寺一壶酒,尔乐苦煞吾,把酒吃,酒杀尔,杀不死,乐而乐。"待老师喝酒回来,个个背得滚瓜烂熟。这位聪明的学生就是利用谐音法来帮助记忆的。

利用谐音法还可以帮助记忆某些历史年代。不少学生觉得记

忆历史年代是件很苦恼的事，不容易记住，而且还容易混淆。但是，要学好历史，又必须记住历史年代，因为没有时间也就无所谓历史。于是，许多考生利用谐音法来帮助记忆历史年代。例如，甲午战争爆发于1894年，用它的谐音："一把揪死"，就非常容易记住。当然，谐音记忆法只适于帮助我们记忆一些抽象、难记的材料，并不能推而广之用于记忆所有的材料。

8. 口诀记忆法

把记忆材料编成口诀或合辙押韵的句子来提高记忆效果的方法，叫作口诀记忆法。这种方法可以缩小记忆材料的绝对数量，把记忆材料分组、组块来记忆，加大信息浓度，增强趣味性，不但可减轻大脑负担，而且记得牢，避免遗漏。

一个字尽可以看作一个组块，一个单词、一个词组也可以看作一个组块，一个句子也可以作为一个组块。

组块内部的信息不是各自孤立，而是相互联结的。如果善于把记忆材料分成适当的组块，就能够大大提高记忆效果。口诀记忆法就是符合组块规律的一种记忆方法。

例如，我国的二十四节气歌：
春雨惊春清谷天，
夏满芒夏暑相连；
秋处露秋寒霜降，
冬雪雪冬小大寒。
上半年来六廿一，

下半年是八廿三；

每月两节日期定，

最多相差一两天。

朗朗上口，容易记忆，在劳动人民中间世代相传，具有强大的生命力。

除二十四节气歌外，乘法口诀、珠算口诀、五笔字型输入字根表等，都是运用口诀记忆法进行记忆的例子。

9. 串联记忆法

当背诵课文或长篇文章时，常常需要利用串词。串词法的要领是：

（1）在内心或用画上记号的办法将文章分成几部分，每一部分要含有一个最重要的思想内容。做这项工作时，可以参照文章已有的划分法，如文章的自然段等。

（2）针对每一部分确定一个中心词。中心词数量不能太少，以免漏掉某个重要的思想内容；但也不能过多，以免词串太长。

（3）每个中心词都必须保证能够借以回忆起相应的那个部分的内容。

（4）每个中心词都要便于与相邻的中心词串联。

（5）所有中心词都确定之后，要按照与文章各部分先后顺序相吻合的顺序抄写下来。

（6）根据各中心词与其相应的文章片断的联系，针对各中心词提出问题，通过复习将这些联系牢牢记住。

（7）将中心词依次串联起来，为此要针对每一中心词提出问题，借以搞清各中心词之间的联系。对这些联系也要复习，直到记得很熟保证不会忘为止。

（8）将每个中心词同相应的文章片断和后接的一个中心词联系起来，然后对整个词串进行复习，直至把文章完全记熟为止。

经过这样熟记的文章，就可以放心大胆地放在一边了。只要还记得那个词串，就随时都能够把文章回忆起来。万一有哪个中心词被忘掉了，只需朝抄下来的词串看一眼，就能立即回忆起来。

亮点，常常深藏海底

小正对自己感到失望不是一天两天的事了。小组活动因为他的失误，输给别的组，在运动会上看着那些体育好的同学得到热烈掌声，他的心情也很低落。他的学习永远也赶不上高峰，看着高峰得到老师表扬，他心里也不是滋味。各种不顺心的事堆在一起，小正怎么高兴得起来呢？

不知道现在的小读者能不能理解小正的心情？有时候，你会不会对自己感到失望？

失望是没有必要的。上天是公平的，它对每个人都赋予了独特的优点。

比如有的人学习虽然不突出，运动细胞却很发达。有的人歌唱得好，有的人擅长画画，有的人表达能力强、善于交际、幽默，有的人甚至会穿衣服，很普通的衣服也可以穿得很漂亮，这都是优点。一定要相信，每个人身上都有优点和潜能，也许现在还没有被发现。

科学研究发现：人类贮存在脑内的能量大得惊人。人平常只发挥了极小的大脑功能，要是能够发挥一半的大脑功能，一点也不夸张地说，人就可以轻易学会40种语言，背诵整本百科全书，拿到12个博士学位。

捷克斯洛伐克有位叫米兰·米凯什的语言奇才，他精通40国语言，能听懂116种语言。立陶宛有一位叫拉比·伊莱贾的人，只读一遍就能记住的书竟有2000册之多。

伟大的人物之所以伟大，他们有一个共同点，就是不断开发自己大脑的潜能。

许多学习成绩不理想的学生，绝不是没有潜能，而是不相信自己有潜能。他们经受一两次失败，就总是怀疑自己笨，不断强化"自己脑子笨"的意念。他们久而久之，觉得自己脑子笨的那根神经工作能力越来越强，形成习惯，一事当前先想自己笨，先想自己不行，不给那些潜在的能力、脑神经以工作的机会，于是，潜能当然就被埋没了。

每个人的大脑皮层舒展开来，都在2500平方厘米左右，每个人都有140亿个左右的脑细胞。一个人一生中有效工作时间才28800万秒，即使夜以继日，星期天节假日都用来工作也不过10

亿秒。所以许多生物解剖学家和心理学家都认为,最杰出的科学家也只不过用了大脑资源的 1/10。我们这样的普通人,浪费的大脑潜能就更多了。

人脑的潜能如地下的矿藏,如果自己不相信地下有矿,只是着眼于砍伐地表的柴草,当然会感觉资源贫瘠,柴草越砍越少。如果坚信自己大脑深处潜藏着巨大的资源,立足往深处开采,那当然会有不尽的潜能滚滚来的感觉。

所以,我们每个人都要坚信自己有优点,有潜能,并去发现优点,开发潜能!具体来说,以下方法可以帮助我们发掘潜能:

1. 发现自己的兴趣所在

大家都知道,小正非常喜欢看电视,尤其是动画片。

他常常把自己想象成故事中的主人公,与邪恶的势力做斗争,还会把动画片中的人物一一画出来。很多人都喜欢看动画片,又都不会画,小正却画得惟妙惟肖。有时候同学们还为了争小正画的画吵起来,可见他多么受欢迎。

小正是不是有画漫画的天赋呢?很可能是吧。虽然现在还不能肯定,但他很喜欢画,画得还不错。如果你做一件事感到非常愉快,那么很有可能这里隐藏着你尚未发现的才能。

大家可以认真地想想,自己做什么事情觉得最开心。如果现在想不出来,那以后就认真观察吧,很容易发现的。

不过,并不是说知道自己最喜欢什么,就把全部的心思放在这上面。

比如小正,要是真的想成为一个漫画家,除画好画以外,还需要很多其他方面的学习,这也是很重要的。制作一部动画片,或画一本好漫画,没有多方面的知识和才能,是根本不行的。

2.经常给予自己积极的暗示,提高自己的信心和勇气

俄国戏剧家斯坦尼斯拉夫斯基在排一场话剧时,女主角因故不能参加演出,无奈之下,他只好让他的大姐担任这个角色。可他大姐从未演过主角,自己也缺乏信心,所以排演时演得很糟。这使斯坦尼斯拉夫斯基非常不满,他很生气地说:"这个戏是全戏的关键,如果女主角仍然演得这样差劲,整个戏就不能再往下排了!"这时全场寂然,屈辱的大姐久久没有说话,突然她抬起头来坚定地说:"排练!"她一扫过去的自卑、羞涩、拘谨,演得非常自信、真实。斯坦尼斯拉夫斯基高兴地说:"从今天开始,

我们有了一个新的大艺术家。"

为什么斯坦尼斯拉夫斯基的大姐能够展现出与自己平时完全不同的一面？非常明显，如果不是斯坦尼斯拉夫斯基的发火使他大姐受到刺激，积聚在大姐身上的表演潜力便不可能迸发出来。我们学习成绩不理想时，常常埋怨学校环境不行，老师水平差，却不知道，其实是我们自己缺乏信心和勇气、自卑、懒惰、安于现状、不思进取。如果我们能多给自己一点刺激，多给自己一些积极的暗示，多一点信心、勇气、干劲，多一分胆略和毅力，就有可能使自己身上处于休眠状态的潜能发挥出来，创造出连自己也吃惊的成功来。

3. 在心中想象出一个比自己更好的"自我"的形象，能够激发自己的斗志，有利于释放自己的潜能

美国的笛福森，45岁以前一直是一个默默无闻的银行小职员。周围的人都认为他是一个毫无创造才能的庸人，连他自己也看不起自己。然而，在他45岁生日那天，他读报时受到报上登载故事的刺激，遂立下大志，决心成为大企业家。从此，他前后判若两人，以前所未有的自信和顽强毅力，破除无所作为的思想，潜心研究企业管理，终于成为一个颇有名望的大企业家。

如果不是报上刊载的故事的刺激，如果没有树立自我新形象的目标，笛福森也不可能成为一个大企业家。

任何成功者都不是天生的，成功的根本原因是开发了人的无穷无尽的潜能。只要你抱着积极的心态去开发你的潜能，你就会

有用不完的能量,你的能力就会越用越强。相反,如果你抱着消极心态,不去开发自己的潜能,那么只有叹息命运不公,并且越来越无能。

4. 在实践中激发潜能

请你养成习惯,先从小事上练习:"现在就去做。"这样你很快便会养成一种强而有力的习惯,在紧要关头或有机会时便会立刻掌握。

此外,学生时期,是全面吸收知识的时候,要注意全面发展。就像小孩子长身体,大家都知道:吃饭偏食就会导致营养不均衡,身体就容易得病。学习也是同样的道理,必须均衡发展,不能偏科。现在学校里的科目,都是为将来打基础的,就像身体健康所需的营养一样,缺一不可。如果对自己喜欢的事多投入一些精力,多付出一些努力,当然是锦上添花了。

闪光的宝贝,常常深藏海底,要用一双善于发现的眼睛去观察,还要靠善于挖掘宝藏的双手去劳动。

为乐趣,我愿意

知道了兴趣的巨大魅力,我们就不难理解达尔文一生中许多时间甘愿在荒岛、密林中采集生物标本;兴趣,可以使舍勒去尝氢氰酸;可以使罗蒙诺索夫以白干40天活的代价换一本《算术》书;兴趣,可以使列文虎克为发明显微镜而从早到晚磨玻璃片，足足磨了 10 年……还是当代最伟大的物理学家爱因斯坦讲得好："对一切来说，只有'热爱'才是最好的教师，它远远超过责任感。"

学习要有成效，就需要有浓厚的学习兴趣。兴趣是学习的内驱动力，有了这个动力，就会产生强烈的求知欲望，就会有克服困难一往无前的精神。难怪诺贝尔奖获得者物理学家杨振宁先生这样说："成功的真正秘诀是兴趣。"生物学家达尔文就是有力的一个明证，他在自传中曾这样说："就我在学校时期的性格来说，其中对我后来发生影响的，就是我有了强烈而多样的兴趣，沉溺于自己感兴趣的东西，深入了解任何复杂的问题和事物。"

而且，兴趣是完全可以激发和培养的，一句不经意的表扬，一道题的成功解答，一次偶然的经历，都可能激发你对一门学科的浓厚兴趣。

重要的是在还没有培养出足够的兴趣前，不能没信心，更不能先放弃！

要培养浓厚的兴趣，沉溺于学习各科知识的兴趣之中，有两大秘诀：

秘诀之一，是放下沉重的思想包袱。求知本身就是一种极大的乐趣，不管哪一学科，只要步入其中，就会有所发现，令你赞叹，令你惊奇。

秘诀之二，是运用知识形成能力，把知识变成力量。学习知识，贵在运用。把知识运用于实际，解决实际问题，比如在阅读课上学到的写作知识，要运用到自己的写作中，绝非易事，要动脑筋反复琢磨，反复实践，才会见到成效。

像作品中的人物出场问题，《纪念刘和珍君》是让人物在概述中出现，《故乡》中的杨二嫂在语言上十分精彩。你要把这些知识用于写作，动脑筋就趣味无穷。

第六顶学习帽：

实践学习法——
应用是最好的学习

实践之中出真知：善读无字之书

阅读"有字之书"可以学习前人积累的知识、前人学以致用的经验，并从中借鉴，避免走弯路；读"无字之书"可以了解现实，认识世界，并从"创造历史"的人那里学到书本上没有的知识。

徐渭、朱耷、吴昌硕等前辈大画家，对于"有字之书"的精研，都是齐白石所推崇的，但是齐白石更重视"无字之书"，他的画之所以会推陈出新，创造出独特不群的书画风貌，是他努力在现实生活中开拓艺术生涯的结果。

纵观齐白石一生的杰作，所展现出的是一幅幅栩栩如生的鱼虫，欣欣盎然的草木，刻意求工处恰如雕镂，粗犷豪放处犹如泼墨，真可谓是"形神兼备"。尤其是他的水墨画虾，更是别具一格，活灵活现，令人情不自禁地叫绝。但又有谁会知道纸上的画有多少画外之音呢！

以水墨画虾为例，为了能够将虾画好，齐白石对虾观察了无数遍。

齐白石画的虾可谓是妇孺皆知，出神入化。他看虾、画虾已有几十年，可直到70岁时才觉得自己赶上了古人画虾的水平。

他严谨的创作态度更表现在不看"无字之书"不肯下笔作画上。他的好友老舍在某年春节时，选了苏曼殊的四句诗请他作画。

诗中有一句"芭蕉叶卷抢秋花"，齐白石因对"芭蕉叶卷"没有亲见，当时又正好是北国的严冬，无实物可进行观察，他为了弄清楚芭蕉的卷叶到底是从右到左的，还是从左到右的，逢人便问，但是，很多人都没有进行过细心的观察，所以都不敢肯定是哪一个答案。

这个在别人看来似乎微不足道的原因使得他最后放弃了为老舍作"芭蕉叶卷"画。人们虽觉得迷惑，但他却认为这样做是正确的，之所以"不能大胆敢为也"，是因为"未曾见过"。

和齐白石一样，著名的医学家李时珍也是一个善读"无字之书"的人，他广博的医学知识就是在日常的生活实践中一点一点积累起来的。

李时珍的父亲也是一名大夫，那时的山里人因劳动特别辛苦，腰肌劳损是种常见病，所以，父亲常常给这类病人炮制用白花蛇做主料的药酒。

李时珍当时特别好奇：为什么白花蛇会有这么大的功效呢？李时珍很虚心地向很多医生请教了这个问题，都没能得到满意的答复。

他决定到深山里去，亲自了解一下生活在野外的白花蛇。但是他的想法马上遭到全家人的一致反对，他们说："白花蛇生活在深山里面，而且剧毒无比，万一有个闪失，就会把性命丢掉！"

  但李时珍并没有被困难给吓住,他一心想要把这个问题弄清楚,因为只有这样,才可以使自己在医学方面有一个大的进步。

  李时珍终于向深山进发了。经打听,李时珍来到了龙峰山,这里是白花蛇的理想栖息地,他在山路上足足等了两天,才等到一个捕蛇人路过。

  捕蛇人告诉李时珍说:"我家世代都是捕蛇为生,但是没有一个能得善终,都是给蛇咬死的,特别是白花蛇,毒性特别大!"

  听了捕蛇人的说法之后,李时珍并不感到害怕,而是告诉那位捕蛇人,为了减少天下人的病痛折磨,就是死于毒蛇之口,他也在所不惜。捕蛇人被李时珍这种不畏艰险的执着精神所感动,终于点头同意带他去找白花蛇了。

路上，李时珍向捕蛇人请教了许多关于白花蛇的问题，例如生活习性、特征和毒性等。捕蛇人见李时珍确实好学，就倾囊而授，把自己所知道的知识非常详细地讲给他听。虽然如此，李时珍并不满足，他还是希望自己能够亲眼看看白花蛇。

两人在山里耐心地寻找着，一连好几天，他们连白花蛇的影子都没看到。捕蛇人泄气了，但李时珍毫不气馁，他有个坚定的念头，不亲眼看见白花蛇，决不出这座山。这一天，李时珍和捕蛇人又在龙峰山山腰间搜寻白花蛇。眼看着山顶云层聚拢，暴风雨马上就要来了，于是捕蛇人便催促李时珍，赶紧往回走。

捕蛇人走在前面，李时珍在后面跟着，两人正匆匆忙忙地赶路，突然李时珍"哎哟"叫了一声。捕蛇人回头一看，不由地大吃了一惊。原来有一条白花蛇缠住了李时珍的左腿，蛇头正被踩在脚底下！

捕蛇人赶紧来到李时珍身旁，费了好大的劲儿才把这条白花蛇给抓进蛇笼里。捕蛇人对李时珍说："如果不是你碰巧踩在蛇头上，今天你就没命了！"

这次深山之行，李时珍不但亲自考察了白花蛇的栖息环境，而且还亲手抓住了野生的白花蛇，他又接连走访了好几位捕蛇人，掌握了大量有关白花蛇的第一手资料。李时珍就是这样，凭着勇于实践和不断进取的精神，终于完成了划时代的医学巨著——《本草纲目》。如今这本巨著被翻译成多种语言，在国际上享有很高声誉。

南宋著名爱国诗人陆游曾写诗对他的儿子进行劝勉："古人

学问无遗力,少壮功夫老始成。纸上得来终觉浅,绝知此事要躬行"。

要掌握有用的知识,你就不应当以学习书本上的知识为满足,而应当走向社会,把书上的知识运用到实际中去,在生活中验证你在书本上所学得的知识,一边读书一边实践,这样你才能在实践中积累丰富的知识。

纸上得来终觉浅,绝知此事要躬行

真正的社会经济生活的运行,远比书本上的原则、定理丰富得多、复杂得多。书本把具体的、活生生的东西抽象掉了,给你一个理想的模式,而实际生活中,你必须认真对待和处理各种问题,包括一些搅得你不得安宁的、令人头痛的难题。因此,求得真知,必须将书本知识和丰富的实践知识结合起来。

要重视实践,积极投身实践。靠想当然,或凭猜想处理问题,倒不如亲身去试一试,闯一闯。有一年,外国一家报纸上登了一则广告:"1美元购买一辆豪华轿车。"人们都不相信。贝瑞见到这则广告半信半疑:"今天不是愚人节啊!"但他还是揣着1美元,按报纸提供的地址找到了刊登广告的主人——一位高贵的少妇。少妇将贝瑞带到车库,向他介绍了要卖的一辆崭新的豪华轿车。贝瑞脑中闪现的第一个念头是:"车肯定有问题。"主人让他试着开了一圈,车子全好正常。他又怀疑是赃物,少妇给他看了车的驾照和相关手续。于是,贝瑞付了1

美元，购得了轿车。当他开车要离开时，终于探得了事情的原委。少妇告诉他："这是我丈夫的遗物。他把所有的遗产都留给了我，只有这辆轿车，是属于他那个情妇的。但他在遗嘱里把这辆车的拍卖权交给了我，所卖款项交给他的情妇——于是，我决定卖掉它，1美元即可。"

贝瑞高兴地开着车子回家了。路上，遇到了好友约翰。约翰好奇地问这辆车子的来历。贝瑞如实相告，约翰一下了瘫倒在地上。"啊，上帝，一周前我就看到这则广告了。"

贝瑞凭1美元就买得了一辆轿车，是有点不可思议，可它告诉我们，有些事你若不去经历，也许一辈子都不能了解个中奥妙。有些看来十分离奇的事，只要你敢于实践，就有可能创造别人难以想象的奇迹。可见，任何知识的获得，万不能忽视亲身实践这个环节。

做到学以致用，学习才有意义

蜜蜂采花粉是要酿蜜，燕子衔泥是要筑巢，人学习知识是为了运用知识。如果一个人读书万卷，却不懂得如何运用，那么这些知识也就等于是死的知识。死的知识不能解决实际问题，那学了又有何用？所以，不仅要懂得学习，还要懂得学以致用，唯有如此，才能使知识更富有意义。

我们应结合所学的知识参与学以致用的活动，提高自己运用知识的能力，使我们的学习过程转变为提高能力、增长见识、创造价值的过程。我们还应加强知识的学习和能力的培养，使知识与能力能够相得益彰、相互促进，发挥出巨大的潜力和作用。

曾有这样一个事例，讲的是近代化学家、兵工学家、翻译家徐寿与华蘅芳研制"黄鹄"号的事情，历来被作为学习致用的范例。徐寿在做这项工作时采取了十分慎重的循序渐进的科学态度。他首先试制了一个船用汽机模型，成功后又试制了一艘小型木质轮船。在此基础上，为精益求精，继续进行研究改进，最后成功制造了我国造船史上的第一艘实用性蒸汽轮船。取得了成熟的经验后，徐寿又主持研制了"惠吉""操江""测海""澄庆""驭远"等多艘轮船，为我国近代早期的造船业做出了巨大贡献。

然而，现实生活中很多人只是死读书、读死书，这样很容易产生一个结果，那就是完全地将书本中的知识原封不动地应用到实际当中去，从而受到一些条条框框的束缚，因此很难有所创新。

如《三国演义》里的马谡，他自称"自幼熟读兵书，颇知兵法"，但在街亭之战中，只背得"凭高视下，势如破竹""置之死地而后生"几句教条，而不听王平的再三相劝以及诸葛亮的叮咛告诫，将军营安扎在一个前无屏蔽、后无退路的山头之上，最后落得兵败失利、狼狈而逃、被斩首示众的下场。

　　所以，想获得成长就一定要学以致用，否则生搬硬套书本上的知识，必然给你所从事的事业带来损失。

　　19世纪末，制造飞机的热潮在全世界范围内一浪高过一浪。但一些知识丰富的大科学家却纷纷表态，发表自己的看法和见解，抵制飞机的制造。比如，法国著名天文学家勒让认为，要制造一种比空气重的机械装置到天上去飞行是根本不可能的；德国大发明家西门子也发表了相似的见解；能量守恒定律的发现者、著名的物理学家赫尔姆霍茨又从物理学的角度，论证了机械装置是不可能飞上天的；美国天文学家做了大量计算，证明飞机根本不可能离开地面。但是，令人想不到的是，1903年，连大学校门都没进过的美国人莱特兄弟凭着勇于创新的精神，将飞机送上了天，为人类做出了巨大贡献。

上述事例充分说明了"尽信书，不如无书"的道理。会学，更要会用。学习到的知识只有有效地运用到生活和实践中去，才会发挥其效用，否则就是一些死的、没有用的东西。

德国教育家第斯泰维克说："学问不在知识的多少，而在于充分地理解和熟练地运用你所知道的一切。"所以，在日常生活和工作中，我们应该把在学校里、在社会上所学到的知识都淋漓尽致地发挥出来。

想要做到学以致用，其实并不困难，可以从以下几个方面着手。

首先，将你的学习内容与目前和今后的生活、工作加以对比，以便清楚自己需要学习什么知识才能提高能力、学习什么知识才有利于全面发展。

其次，对于已经学习过的知识，可以用实际操作的方式加以验证。比如，学了物理电学后，可以去安装电灯、安装或维修半导体或电子管收音机；依据压力的定义，通过实际操作去测定某一重物对支持物所产生的压力；等等。

最后，把所学得的知识应用到社会实践中，综合地利用各门学科的知识。例如，学过化学后，参加化工厂的实际操作；或者运用物理学的力学原理去进行某种工具的改革；等等。

只有做到学习致用，学习才有意义，才能做到真正的成长。

发现和辨析事物间的联系

信息就是金钱，信息也是机会，谁对得到的信息反应最为敏捷，并迅速采取行动，谁就占有机会。任何机会，归根结底都是信息，收集的信息越多，获取的机会也就越多，这是不证自明的道理。

不过，一个成功的商人收集信息时应包括广义的、来自各方的信息，切不可只收集具体的经济信息，看起来是信息灵通，而对其他方面的事情则不太感兴趣，实际上还只是闭目塞听。毫无疑问，假若经营者只顾埋头进行具体经营，成天沉浸于自己的买入或卖出、盈利多少、资金周转等具体的事情，而对当时的形势不闻不问；购进一批因政策变动而即将大幅度降价的商品或货物，那么肯定蚀本。

此外，一个成功的商人即使获得了信息，也必须对信息进行加工、分析、处理。不然的话就会被不准确的，甚至错误的信息扰乱视线，卷入迷雾之中。因为信息往往扑朔迷离，变幻莫测，真假掺杂。所以切不可神经过敏，闻风而动，而应该在得到信息后头脑冷静，首先对信息的真假、价值等项做出明智的选择，然后再根据自己的具体情况来决定取舍。

伯纳德·巴鲁克是美国著名的犹太实业家、政治家和哲人，20多岁就已经由经营实业而成为尽人皆知的百万富翁。在事业稳步前进的同时，在政坛上也鹏程万里，呼风唤雨，从而赢得事业、权力的双丰收。1916年,他被总统威尔逊任命为"国防委员会"顾问和"原材料、矿物和金属管理委员会"主席,时隔不久又被政府任命为"军火工业委员会"主席。1946年任原子能委员会的代表,在70多岁的高龄时雄风不减。当年,他曾提出过建立一个以控制原子能的使用和检查所有原子能设施的国际权威的著名计划——"巴鲁克计划"。

和别的犹太商人一样,巴鲁克在创业伊始时也历尽千辛万苦。正是因为他善于发现事物之间的联系,在常人看来是风马牛不相及的事情,巴鲁克却发现它们之间存在的联系,从这种联系中找到属于自己的生意机会,并一夜暴富。

1898年,即巴鲁克28岁那年的7月3日晚上,巴鲁克在家里忽然听到广播里传来消息说,美国海军在圣地亚哥将西班牙舰

队消灭。这意味着很久以前爆发的美西战争即将以美国胜利而结束。巴鲁克意识到,战争即将结束,美国金融市场将随之快速反弹,甚至可能出现强劲势头。

7月3日,这天正好是星期天,第二天即7月4日,也就是美国国庆日,一般而言,美国的证券交易所在国庆日不营业,但伦敦证券交易所则依旧工作。巴鲁克马上意识到,如果他能在黎明前赶到自己的办公室从伦敦交易所大把吃进股票,然后次日从美国交易所高价抛出,那么就能发一笔大财。

在19世纪末唯一能跑长途的只有火车,但火车晚上不运行。在这种让人干着急的情况之下,巴鲁克在火车站个人承包了一列专车,火速赶到自己的办公室,做了几笔让人羡慕的生意。

通过巴鲁克的例子,我们可以看出,只有灵活运用所学知识,敏锐发现事物之间潜在联系才能在激烈的竞争中取得成功。

把学习融入生活

学习是一种理念,只有把这种学习的精神带进生活中,生活才会因此更精彩,而学习也将更加有意义。那时,同学们就会觉得学习无处不在,学习过程本身也就变成了一种有趣的游戏。

首先,学习可以不分地点。难道一定要在书房和图书馆里学习,才能学习得好吗?答案当然是否定的。举个例子来说,在大街上看到了英文的路标,在超市看到英文的商标,我们都可以学习一下英语。甚至我们看电视的时候,看到了有关历史题材的电视连续剧,我们都可以再考证一下历史书,看看电视剧中哪些情节是历史上真实发生过的,而哪些情节是编剧杜撰的。如果被你发现了杜撰的部分,可以讲给你的爸爸妈妈听,也可以讲给你的同学朋友听,他们会觉得你学识好渊博。

当然,看漫画书、看电影时,你也可以学到很多很多的新知识,去商店买东西找零钱的时候,你也别闲着,让大脑运转起来,可以练习一下数学计算呢。

当送报纸的叔叔把报纸送到你手中的时候,不要把报纸丢到一边,认为看报纸只是爸爸妈妈的事情。你可以通过阅读报纸上的生字生词,复习在学校里学过的内容。看到路边花坛里的花,也可以联想到在课堂上学过的各种知识。

学习,并不一定是要拿着书,摇头晃脑地背诵,我们身边到处都有值得学习的东西。

大家一定都能熟练地使用自己的母语。例如几个朋友一起聊天的时候,有人开玩笑或者说点方言,大家都能听懂,还会积极对答,显然,我们无须特别学习,就能很自然地运用母语。

观察一下小孩子,他们听父母、周围的人和电视里的人说话,很快就熟悉了自己的母语。

父母常常给孩子看一些配有单词和图片的卡片,通过这种方法教孩子说话。慢慢地,孩子就学会了用手指指着各种东西提出问题。

他们的问题会越来越多，为了满足无穷的好奇心，他们甚至会翻出各种东西，把家里搞得一团糟。在孩子眼里，所有的东西都是陌生的、新鲜的。

还记不记得我们曾经说过，所有的学习都是从好奇心开始的。我们每个人都曾经对周围的环境充满好奇，为了解各种新事物、解答各种新问题努力过，所以现在，我们可以没有障碍地使用自己的母语。

即使是第一次听到的词语，只要查查字典，或者问一下别人，你立刻就明白那是什么意思了。

在接触一种新语言的时候，我们都应该向牙牙学语的孩子学习。不管碰到什么，都多看、多读、多问，甚至不管把什么放进嘴里，都想想用这种语言应该怎么说。

在这个世界上，我们不了解的东西太多太多，我们应该永远保持一个无知的孩子的好奇心，不断地学习。

就像蜜蜂采蜜一样，到处汲取知识，日积月累，你的头脑会越来越充实。

你身边可能有这样的同学：问他什么，他都知道，他就像个万事通。他们大都有强烈的好奇心，他们的学习成绩通常很好，因为他们喜欢问问题，还能记住答案。

从生活中获得的知识，比在学校里得到的知识更加宝贵，因为这些知识的弹性很强，也就是说，他们的应用范围很宽。

从各种渠道获得的知识，最终都会对语文、英语、数学、自然等科目有所帮助。掌握了这种学习方法的同学，每天都可以学到很多很多知识，想一想，是不是好棒呢？

学习在生活中无处不在，而有一种方法在学习中无处不在，那就是思考。不要只是坐在书桌前学习，而是要怀着好奇心，积极从周围的所有事物中学习、联想。

大家是不是觉得，聪明的人学习就好，不聪明的人学习就不好呢？有些同学不管怎么用功，还是没法提高学习成绩。其实，并不是他的脑子不够用，而是他的学习方法出了问题。所以，有一个问题大家必须明白：怎样让我们的脑袋更聪明？

有些同学，把老师留的作业一丝不苟地完成了，别的就什么也不肯多想了，他们通常被叫作"模范生"。这个称号虽然也有肯定的意思，但更多的是否定的意味，给人一种缺乏想象力的感觉。

今后，大家应该更多地培养思考能力和判断能力。

大家是不是都想成为聪明人呢？

那么，从现在开始，让我们一点一点来学习吧。要培养这种思考能力，大家就要坚持不懈地对自己的头脑进行训练。就像一支优秀的足球队，在比赛之外，要花更多的时间训练。

那么，到底怎么训练大脑呢？

首先要进行判断力的训练。所谓判断力。就是大家看到某个事物或某种状况时，准确把握自己该怎么做的一种能力。为了培养这种判断力，必须养成一种习惯，那就是在做任何事之前，先要考虑最好的方法是什么。

比如说，现在我们要去市内的一家书店。

首先我们要思考的是，我们要用什么方法去呢？从家到书店，没有直达的公交车。而路上的车很多，还可能发生了堵车的现象。如果坐公交车，就需要花很长时间，所以，我们选择坐地铁。通过思考快速找到最好的方法，这就是判断力。

大家都应该养成这样的习惯：在遇到各种情况和问题的时候，要认真思考，看看哪种方法是最好的。

然后要培养的就是分析能力。

什么是分析能力呢？分析能力就是遇到事情的时候，找到它的原理。学习好的同学，解答一道题的时候，会找到最佳的解决问题的原理，然后应用到其他问题上。

这种分析能力可以帮助大家在考试时取得好的成绩。

你一定会问,要怎么做才能培养这种分析能力呢?

例如,看推理小说、侦探小说,或者公安题材的电影时,你可以跟着剧情一起思考:到底案情会怎么发展呢,究竟谁是罪犯呢?经常猜谜语,或者玩拼图,慢慢地,就会养成勤于思考的习惯。遇到各种事情时,不要慌张,要有一种冷静的思维方式,去想为什么会发生这件事。还要考虑该怎样处理这件事情,哪种方式更有效更直接。

我们经常会听到很多俗语,那么,大家是否想过这些俗语是怎样从民间收集的呢?经常这样想,对培养分析能力是非常有帮助的。

这样不断地培养判断力和分析能力,逐渐就会养成遇到任何事情都能认真思考的习惯。

在生活中学语文

优等生都是有心人,一张画、一首歌,都可以成为他们写作的素材。其实,我们在语文写作的过程中,也可以写出精彩的句子,只要把事情想象得丰富有趣。

还要告诉你的是学习语文要积累词语财富。

先给你讲一个故事吧:

小和尚甲和乙,分别在两个庙里修行,每天都在同一时间下山去溪边挑水,不知不觉过了5年。突然有一天,溪边只剩甲在挑水了,他很纳闷,那个和尚乙哪里去了?过了一个月还是没有看到乙来,甲忍不住去探望。来到乙的庙里,甲大吃一惊,那个和尚乙正练拳呢!甲问乙为什么不再到山下挑水喝了?乙指着一口井笑着说,五年来,不管多忙,他每天总会抽空挖这口井。一个月前,井里终于冒出来清水,他就不必再下山挑水,可以腾出更多的时间来专心练拳了。

语文学习其实也是这个道理,每天拿出很少的一点时间去读几页书,随时随地学几个生字,多学习那么一点知识,多留意一些别人平时不注意的事情,就像抽空挖一口井,不知不觉井里就有水了。"积水成渊,蛟龙生焉",意思是说,浅浅的水积成深深的水潭时,就会孕育出蛟龙来。

不要小看一个词、一句话的收获,或许正因为这一点一滴的

努力，你就会走在别人的前面，成为优等生。

所以要多把握身边容易溜走的点滴时间，随时积累你的言语财富，你的语言在不经意间就丰富起来了。

比如说当你看到一个有趣的成语故事，就把它讲给同学或家人听，这不但是个轻松记词语的好办法，而且还能增加你的个人魅力呢！当你出口成章，妙语连珠时，大家一定会对你刮目相看的。

同学们，你们一定要记住，一个主动挖掘词语"宝藏"的聪明人，语文成绩肯定比"守株待兔"的人强！

当然积累词语也是有方法可循的，给你介绍以下3种方法：

1. 归纳总结法

把以同样字开头的词放到一起去，如：一往情深、一览无余、一夫当关、一马当先、一心一意、一筹莫展等，都是以"一"字开头；再如以"月"字开头，如：月华如水、月明星稀等，都是以"月"开头的。

还可以把结构相似的词聚合在一起，如：声东击西、大惊小怪、出生入死、南辕北辙、前呼后拥、左思右想、思前想后、左顾右盼。

重叠的词也可以放到一起去，如：寻寻觅觅、冷冷清清、风风雨雨、隐隐约约、家家户户、千千万万等。

2. 连接法

把词语首尾连接起来，组成词语长龙，如"天道酬勤—勤劳刻苦—苦不堪言—言不由衷—衷情如斯—斯文得体—体无完肤—肤如凝脂"也可以和你的朋友做这样一个游戏，看谁接力接得好。

3. 讲故事

如叶公好龙。古时候有个人叫叶公，他说自己非常喜欢龙，他的房间里，雕梁画栋，全是龙的图案。天上的龙听到了非常开心，于是降落凡间来看叶公。叶公看到龙的时候，惊恐万分，慌慌张张地跑掉了。这个成语就记住了吧，叶公好龙就是形容那些假装好恶的人。

再比如说在生活中有的人总是不专心，三天打鱼，两天晒网，那就是"三心二意"了。

怎么样？这3种方法学会了吗？

语文是一门非常有趣的学科，只要同学们按照方法坚持下去，循序渐进，你的语文成绩一定会突飞猛进的！

英语学习成为生活习惯

站在英语学习大门口的人，总希望能找到一条"速成"的捷径。但是，英语的学习是一种新的语言习惯的养成，需要数年，甚至更长时间的日积月累。下面我们介绍方法给同学们，让同学们把英语的学习融入生活中，轻松学好英语。

首先，我们需要纠正同学们在英语学习中可能存在的误区。

第一个误区就是用一种单一的技能代替5种技能。大家知道我们习惯上把英语学习分成5项技能：听、说、读、写、译，这已成为很多同学学习英语的标准。比如说，看到一本英语的口语课本，翻开几页一看，都看懂了，就认为太简单了，对自己过于自信，这种错误是混淆了"看懂"与"会说"的概念。看懂了不等于会说，练习口语，内容不能太难，这是一定要注意的。

第二个误区是把知识当成技能。打个比方，假如你想学习骑自行车，有人给你一本名字叫《如何骑自行车》的书，你把书从头背到尾，甚至倒背如流。这时，你有了很多的关于如何骑自行车的知识，但是，你肯定还不会骑。原因是骑自行车不是简单的知识问题，它首先是一项技能，核心问题是练，光有书本知识是不行的。学英语当然比学自行车要复杂得多，但它首先也是一项技能，只默背单词是远远不够的，必须练，要把知识转变为技能。知道不等于知道怎么做；知道怎么做，不等于实际上会做。从知道怎么做到实际中会做中间有个反复练习的环节，也就是下苦功夫。学技能所要遵循的原则是"在做中学，学以致用"。

第三个误区是速成心理。必须认识到，要想学好英语，需要我们的努力。但是努力的方法有好有坏，比如记英语单词，低着头拼命默写，这就不是一个好方法。好的方法是大声地朗读，反复训练发音器官和耳朵，把声音铭刻到脑子里。这样既可以提高听力，又可以改进口语发音，还记了单词。默写只是训练了眼睛和手，可是它们不能替你听和说。

第四个误区是在学生中最流行最常见的，那就是用汉字记音。

翻开好多同学的书,都会发现用汉字来记英语发音的这种情况,这是极其错误的。首先,这样记录不标准,导致你的表达有问题;其次,长此以往,不准确的发音很容易让你的听力受损。想一下,当我们在最容易形成习惯的时候,养成了不良的习惯,那么以后当我们想改掉的时候谈何容易!

第五个误区是重结果不重过程。学习质量和学习效果当然取决于学习的过程,大家只有按照学习的规律和正确的学习方法,一步一个脚印地学习,才会收获好的学习效果。

要把英语的学习要转化为一种兴趣,并把这种兴趣真正地融入我们的生活习惯中来,才会转化成为持续的动力。

就拿英语词汇来说,有兴趣学习,我们才会对着镜子练发音、练口型,还会抓住一切机会和同学、老师、朋友用英语说话。而只有把兴趣变成持续的动力,我们才能掌握大量的词汇。学习词汇,如同交朋友一样,一回生,二回熟。从记忆、理解,到运用,都需要反复接触,反复练习。记忆单词的过程是学习科学思维的过程。单词学多了,我们就有规律可循,不再是孤零零地记单词,而会记住它的"左邻右舍",记住它的上下文,即知道单词的语境。

我们要养成一个好习惯,像学母语一样学外语,仔细认真,用好奇心学习,随时随处学外语。当我们学了一个新单词,我们一定要想办法记住它,让它存储在我们的大脑里,并且可以随时弹跳出,当看到和这个单词有关的事物时,我们可以迅速想起这个单词。除了单词,有关听力的技巧也要注意。在我们每一天的生活中,我们会听到成千上万的声音信息:收音机和电视发出的声音、周围人们的谈话、教师的讲课、与同学的谈话、周围环境的噪声、虫鸣鸟语等。如果同学们现在静下来听一听周围的声音,一定不下10种,只是它们中的大多数对你没有什么意义,因此被你的大脑"忽略"了。你应当感谢大脑的这种"过滤"功能,否则,如果你要一五一十地处理这些信息,你的"生物计算机"迟早会因为超负荷运转而报废。

在学习外语的过程中,很多同学对于听力训练的理解有误区。他们认为课文应该反反复复地听,直到听懂了文中的每一句话、每一个词为止。一些同学甚至要将听到的全文一字不漏地写下来,才认为达到了学习目的。

而实际上，生活中很少有这样的要求。很多情况下，我们都只需要了解所听到的信息的大概内容，或者选择性地听，而不需要听懂所有的信息。

我们从平常的听力训练中做起，专心致志地听重要的信息，那么，考试的时候我们的听力自然也就有重点、有目标，做听力题也就不成问题了。

有人说语言是工具，有人说语言是行为习惯。这些说法都不无道理，它们都包含着一个共性：练和用。工具只有常用才能熟练，使用起来才会得心应手，行为只有多次重复才能成为习惯。提高口语是一个很重要的问题，口语提高的诀窍是什么呢？

口语提高的关键在于"练"，天天练，时时用。多练才能熟练，熟练才能生巧。先张口、不怕错，与人对练，"自说自话"。"自说自话"是极有效的提高口语的一种方法，是为自己营造不受时间、地点及空间制约的语言环境。不用担心说错，先张口，后求正确；不会说的可记下，事后向他人请教，或在阅读时，有意识地注意英语是如何表达的。

另外，多读一些简单的英语读物，也是提高英语学习的好方法。阅读简易读物是吸收新语言的最好途径，这些读物中生词较少，不用费很大精力查字典，注意力可以集中在内容和文字的表达方法上，因此能读得快，读得多。

这样，一些基本语法和词汇现象可以反复接触，而且可以认识许多英文语法和词汇现象，从而加深对英语语言的了解。读简易读物,反复见到一些常用词汇和语法现象,便于我们学习一些基本语言知识,例如,语法、词汇搭配,又便于巩固已学过的知识,使其成为技巧。

像认识人一样,我们只见过一次的人往往认不出脸,叫不出名字,语言现象也不会是见了一次就会认识和使用的。但在不同上下文中反复见到的语言现象就容易熟悉,进而逐步掌握。

那么,应该看哪些简易读物呢?哪些读物能让你提高得最快?最好读一些没有专业词汇、文字较简单、篇幅较短、内容有吸引力的作品。这样容易看得快看得多,给自己树立信心。还可以读一些短篇的传记或旅行见闻性质的文章,甚至一些世界侦探小说名著,等等。要避开专业词汇较多、描写太细的作品,通过阅读这些书不仅能学到语言而且还能了解英美国家的风俗习惯和文化背景方面的知识。

最后要告诉同学们的是工具书的使用问题,那就是电子字典和纸质字典究竟哪个更实用,更适合我们。

其实,两种字典应该用在不同的场合,用于不同的目的。电子词典查询快捷、方便,在与人谈话、翻查资料的时候使用有它的优势。但是电子词典一般无法提供丰富的例句、词语搭配、用法说明等中国学生在学习英语过程中最需要的知识,而查阅纸质词典的过程就是学习英语词汇、英语表达的过程。所以你多花几十秒钟"泡"在纸质词典里,会收获到更多的知识。

同学们,你们已经开始由浅入深地学外语了,祝福你,并真心期待你的成功!

在生活中学习其他学科

　　同学们,你们知道吗,春天什么花先开?最先开的花什么时候凋零?为什么野草都比较低矮?为什么不浇水树就会枯萎?

　　其实,这都是自然课上要学习的,然而,要上好自然课,除了在课堂上听讲,走出课堂外,日常生活中的细心观察也是很重要的。春夏秋冬,你可以在不同的季节观察学校的风向标,观察风的方向,也可以通过看晚上新闻联播后的气象预报,了解一些基本的自然现象。

　　我们只有对日常生活中发生的现象怀着好奇心,然后通过自然课的学习,把原理和概念进行整理,这样才能进一步学习那些更复杂、更深奥的现象。

　　这些原理和概念,都是无数科学家经过毕生的努力得到的结论。一个科学家发现或者发明了一种东西,其他的科学家就都以这个为基础,找到新的发现和发明。自然这个学科,就是在基本原理和概念上一层一层发展起来的。

　　可是,在整理这些内容时,有的同学只背诵一些用语和句子,这是不行的。要想学好自然课,最重要的是一边理解,一边记忆,还需要实验和观察。

　　实验和观察也成了很多同学不喜欢自然课的理由。许多同学认为实验用品的名称和使用方法很复杂，记不住，另外，有的同学在实验和观察时没能得到预期的效果，渐渐对自然课失去了兴趣。

让一些同学烦恼的问题，在另一些同学眼里，却是吸引力。探索精神使后者对同样的事情产生了完全不同的态度。

请大家平时深入观察生活中发生的各种现象，然后把疑问记录下来，通过实验和观察，思考它们产生的原因。在思考中，又会出现新的问题，需要进一步的实验和更仔细的观察。就在这样一个提出疑问和寻找答案的过程中，你会发现，实验和观察的时间过得很快，而且，非常有意思。

著名的科学家爱迪生小时候上课时总会提出各种稀奇古怪的问题，惹得其他同学笑话，可正由于这种探索精神，他最终成了一位伟大的科学家。

如果你做了很多实验和观察，仍然没有得到预期的效果，也不要放弃，要多问一些为什么，也可以请老师帮忙。这时候请教老师，绝不是什么不好意思或羞耻的事情，只有那些勤学好问，拥有探索精神的人，才能成为未来的科学家。

同学们，你们的故乡是哪里？你们已经听到好多你们那儿的故事了吧？

那我们可以在身边的故事中学历史。

我们在历史课上学过的内容，其实都可以看成一个个故事，那些史实包括地理、经济、政治等多方面的综合内容。比如说你

听到的有关自己家乡的故事，学到了很多关于那里的文化遗产、气候、交通、地形、特产等知识，那不就相当于没有在教室，却上了一堂丰富生动的历史课吗？

很多同学认为历史课只要死记硬背就可以了，他们每次考试之前都把重要的条目写下来，却不知道来龙去脉，这样，也就没有好的成绩。

从故事中学习历史本身就是一个很有趣的活动。在上课的时候，首先要找到整个事件的重点，或者说是脉络，在把握了整体脉络之后，再把需要背诵的记下来。如果一上来就死记硬背，那么既没有理解，也记不了多久。

在故事中学历史，还可以帮你找到与同学、朋友们交流的话题，增长很多知识。让我们好好学习历史吧，它不但可以让我们考个好成绩，还可以让我们成为其他同学羡慕的故事大王。

珍惜你身旁的"学习资源"

获得成功最快的方法就是运用已被实践证明的有效方法,所以应当认真借鉴其他同学的优秀学习方法,永远不要骄傲或自卑,用平常心学习。

越是优秀的学生越善于与同学讨论或者争论问题,发现的问题越多,解决的问题越多,个人的知识就越完善。同学们都知道渔网吧,我们的学习像渔网一样也有知识网络。只有每一个知识点都掌握好,利用和同学间的交流记牢它,才能把这张知识网编织得完整牢固。如果有的知识点没有掌握好,你"捕鱼"的时候,"鱼儿"就会从这个漏洞钻出去,漏网越多,"鱼儿"跑得越多,你的分数就越低。

有学者曾经研究过,两个人一起学习,要比单独学习会获得更好的成绩。因为两个人通过讨论,以及相互讲解,可以加深理解,两个人在一起还会相互促进。

除两个人搭伴以外,还可以组成学习小组。有了小组,就有了更多的竞争对手,学起来会更快。不过,几个人一起学习时,有时会忍不住一起玩起来,要是这样,就要加以适当的克制了。

目前,我们生活在一个高科技的时代,很多人开始利用计算机网络学习,这样虽然大家不在一个地方,也可以获得类似于学习小组的效果。

有时,和好朋友相互交换笔记,是一种很好的学习方法。从别的同学的笔记中，你可以发现自己漏掉的内容，这不是完全照抄同学的笔记，而是从中找到被自己漏掉或忽视的内容。通过这样的交流，同学之间也可以相互促进！

所以，任何一个想成为优等生的同学一定要记住，好好珍惜你身旁的"学习资源"！